JN294395

組織と人材開発

中京大学大学院教授
宮川正裕 著

中京大学大学院 ビジネス・イノベーションシリーズ

Chukyo University
Business Innovation Series

税務経理協会

は し が き

　政治・経済・文化がグローバル化し人の往来が活発化した結果，金融危機の連鎖やインフルエンザの流行のように，地球の裏側の出来事が瞬時のうちに自国にも影響を及ぼすという時代となっている。2008年8月のリーマン・ブラザーズ経営破綻後の信用収縮で米国発の倒産連鎖が世界同時不況を招き，グローバル危機は各国の経済，産業，各企業そして我われの生活に大きな影響を与えた。経営学の辿ってきた歳月と同じ100年の歴史を持つＧＭが挫折したように，環境の変化に適応できずに危機の波にのみ込まれた企業も多く，企業はどのような戦略をもって経営の舵取りをしてゆくべきかが，大きな関心事となっている。

　このように，100年に一度とも言われる経済危機に見舞われて企業組織も人々も大きく揺り動かされている今，企業の社会的責任とは何か，会社組織と人の関係は如何にあるべきかについて，経営学の基本理論に照らして考察する意義は大きいと考える。景気低迷が長期化する中で，雇用不安と社会の閉塞感，人々の働きがいや生きがいの喪失感というものが深刻化しており，人々が会社組織でどのような役割を期待され社会にどのような貢献ができるのか，そもそも「人の意欲と行動」とは何か，という原点に立ち戻って「人と組織」のつながりについて考える必要があるのではなかろうか。

　筆者は，2007年4月より中京大学大学院ビジネスイノベーション研究科において「組織と人材開発」の講義を受け持ち，経営学の系譜の中でも特に重視される経営戦略実現のための人的資源と組織のマネジメントについて研究を行ってきた。講義用テキストとして使用すべき組織と人材マネジメント関連の文献にあたったが，同研究科のＭＢＡコースと中小企業診断士コースを選択している社会人大学院生向けシラバスに合致する内容構成の本を探し出すことができ

なかった。したがって，受講生の関心や理解の度合いに照らしながら手探りで改善してきた講義メモを中心として，経営管理論，経営組織論，経営戦略や人的資源管理論等の専門書を参考に補強し，今般中京大学大学院ビジネスイノベーションシリーズの一巻として『組織と人材開発』を上梓させて戴いた次第である。

　筆者らの研究グループは，これまで組織と人材の活性化を図り経営の質を高める「クオリティ・マネジメント」に注目し，海外の日系製造企業を対象として「クオリティ・マネジメントの実践とその成果に関する研究調査」を行ってきた。その過程で，多くの企業が人的資源を重視した経営を行い，商品やサービスの質のみならず経営の質・社員の質的向上を図る施策を実践することで業績成果を上げている事実を認識した。こうした経緯から，本書では人的資源管理論のみならず，クオリティ・マネジメント論や組織人材の活性化を図る新たな小集団活動の有意性も示しながら，「組織と人材開発」の重要性を説くものである。

　本書を著すもうひとつのきっかけは，経営学にも影響を与えた心理学者A. H. マズロー（2007）の『完全なる経営』との出会いである[1]。同書のまえがきに「心理学者でなくても，人はなぜ働くのか，と問うことがあるだろう」という問いかけがあるように，「時代が大きく変化するときに，働く人の価値観の変化，働き方や会社組織のあり方など，経営の本質をもう一度問い直すことの大切さ」を痛感したことにある。マズローが新分野に挑戦し，「専門家が見過ごしているものを，駆け出しの人間が見出すということがしばしばある」と述べているように，本書においても経営学を専門とする筆者が心理学や遺伝子学，脳科学の専門家の諸説を紹介し，新たな視点から「人の意欲や生きがい」や「自己啓発とイノベーション」とは何かという考察を試みるものである。
　紙幅の制限から十分な論述ができなかった箇所もあるが，脚注や巻末に参考文献を示しているので読者の研究をさらに深めて戴きたい。本書が，企業組織

　　　　　　　　　　　　　　　　　　　　　　　　はしがき

でビジネスに携わる人々，並びに公的組織や研究機関にて本領域の研究に関心を持つ人々の目にふれ，一人でも多くの人の参考に供することが出来れば幸いである。

　本書を上梓するに際して，多くの先達の研究成果を参考にさせて戴いたこと，企業の広報担当の方がたには，ホームページ上の企業情報の転載・引用にご理解を戴いたこと，そして第6章で紹介するマネジメント手法の実践体験について6人の方がたに所感の掲載にご協力戴いたことに，心より感謝申し上げる。また，デミング理論をはじめとするクオリティ・マネジメント論やＣＤＧＭの理論と実践，及び研究調査においてご指導を戴いた恩師の吉田耕作カリフォルニア州立大学名誉教授に，深い感謝の意を表したい。そして，研究科叢書の一冊として刊行する機会を戴いた，中京大学大学院ビジネスイノベーション研究科の寺岡研究科長をはじめとする教授会のメンバー及び中京大学関係各位に，心より御礼を申し上げる。

　最後に，出版に際してお世話になった税務経理協会の新堀博子氏ほか皆さんに感謝の意を表する次第である。

　2010年　1月

　　　　　　　　　　　　　　　　　　　　　　　　　　　宮川　正裕

〔注〕
1）　同書は，心理学者マズローが1965年にマネジメントに関して書いた唯一の本の翻訳版である。マズローは，マネジメントの分野は初心者であることを認め，序文において「新たな学問分野（マネジメント）に初めて接し，それらが自分の専門分野にとって極めて重要であることを認識した理論心理学者が，その第一印象を書き綴ったもの」と記している。

目　次

はしがき

序章　問題意識と分析視点……………………………………………1
　　1　はじめに……………………………………………………1
　　2　研究目的と構成……………………………………………3
　　3　問題意識……………………………………………………4
　　4　研究課題と分析視点………………………………………7

第Ⅰ部　経営学における組織と人材開発論

第1章　経営学と組織の基礎概念………………………………13
第1節　経営学の概念……………………………………………13
　　1　経営学とは…………………………………………………13
　　2　会社経営の仕組み…………………………………………15
　　3　経営理念……………………………………………………16
　　4　コーポレート・ガバナンス………………………………19
第2節　組織の概念………………………………………………20
　　1　組　　織……………………………………………………20
　　2　組織形態……………………………………………………22
　　3　組織構造……………………………………………………26

第2章　経営戦略と組織……………………………………………31
第1節　経営戦略…………………………………………………31
　　1　経営戦略とは………………………………………………31

	2	経営戦略と組織・人材……………………………………34
	3	戦略と経営理念 ……………………………………………38
第2節	**経営戦略と組織**………………………………………………39
	1	戦略と組織の仕組み………………………………………39
	2	経営組織と戦略……………………………………………40
第3節	**戦略的人的資源管理**…………………………………………41
	1	戦略的人的資源管理（SHRM）…………………………41
	2	人事管理からSHRMへ …………………………………41
	3	21世紀の戦略的人材マネジメント………………………45

第3章　人と組織のマネジメント……………………………51
第1節　人を活かす組織………………………………………………51
　　1　人 と 組 織………………………………………………51
　　2　デミングの組織論………………………………………56
　　3　組織的知識創造…………………………………………57
第2節　人材マネジメント ……………………………………………60
　　1　人材マネジメントの目的………………………………60
　　2　人 本 主 義………………………………………………60
　　3　成 果 主 義………………………………………………61
第3節　多様な組織・人材マネジメント ……………………………62
　　1　ライフキャリア・プラン………………………………63
　　2　個を活かす企業…………………………………………64
　　3　ワーク・ライフ・バランス（WLB）…………………65
　　4　ダイバーシティ・マネジメント………………………68

第4章　組織能力と人材開発 ………………………………75
第1節　組織能力と組織文化 …………………………………………75
　　1　組織能力の概念…………………………………………75

　　　　　　　　　　　　　　　　　　　　　　　　目　　次

　　　2　組織能力の実際……………………………………………76
　　　3　組織文化と企業文化………………………………………77
　　　4　企業遺伝子…………………………………………………80
　第2節　**人材開発論**……………………………………………………81
　　　1　人材開発の意義……………………………………………81
　　　2　人材開発システム…………………………………………83
　　　3　人事戦略と人材開発………………………………………84
　　　4　人材開発の推進……………………………………………85
　　　5　人材開発の事例……………………………………………86
　第3節　**グローバル経営を支える体制**………………………………87
　　　1　グローバル化と人的資源管理……………………………87
　　　2　グローバル勤務の戦略的役割……………………………88
　　　3　国際人的資源管理…………………………………………89

第Ⅱ部　人の意欲とイノベーション

第5章　人の意欲と行動……………………………………………97
　第1節　**人の活動意欲**…………………………………………………97
　　　1　人々の意識…………………………………………………97
　　　2　モチベーションと価値創造………………………………99
　　　3　マズローの理論研究………………………………………108
　　　4　マズロー理論の解釈………………………………………113
　第2節　**人の意欲と行動の分析**………………………………………114
　　　1　遺伝子と心…………………………………………………114
　　　2　心　と　脳…………………………………………………115
　第3節　**働きがいと生きがい**…………………………………………117
　　　1　働きがいのある会社………………………………………117

2　フローモデル ……………………………………………………119

第6章　クオリティ・マネジメントによる人と組織の活性化 ……………………………123
第1節　人と組織の活性化 ………………………………………123
　　　1　組織活性化の条件 ………………………………………123
　　　2　クオリティ・マネジメントの概念 ………………………125
　　　3　クオリティ・マネジメントの発展過程 …………………127
　　　4　理論的枠組み ……………………………………………129
　　　5　クオリティ・マネジメントの戦略性 ……………………131
第2節　人と組織の活性化の具体策 ……………………………133
　　　1　働きがいを高めるCDGM ………………………………133
　　　2　人と組織の活性化を図るマネジメント …………………134
　　　3　CDGM手法の有効性 …………………………………135
第3節　クオリティ・マネジメントの実践と成果 ………………138
　　　1　TQMの実践と成果検証 …………………………………138
　　　2　発 見 事 実 ………………………………………………138

第7章　自己啓発とイノベーション ……………………………145
第1節　自 己 啓 発 ………………………………………………145
　　　1　人材開発と自己啓発 ……………………………………145
　　　2　人と組織のエンパワーメント …………………………148
第2節　次世代人材の育成 ………………………………………149
　　　1　日本を取り巻く環境の変化 ……………………………149
　　　2　日本の国際競争力の低下 ………………………………149
　　　3　国際競争力と次世代人材育成 …………………………150
　　　4　社会的要請 ………………………………………………151
　　　5　企業で求められる能力 …………………………………152

目　次

　　第3節　人と組織のイノベーション ……………………154
　　　1　イノベーションと組織 ……………………………154
　　　2　カルチベーションとイノベーション ……………159
　　　3　カントの人間学 ……………………………………162
　　　4　悟性を磨く …………………………………………164
　　　5　トヨタの能力開発プログラム ……………………165
　　　6　質・悟性の概念 ……………………………………167

終章　総括と展望 ……………………………………………175
　第1節　総　　　括 …………………………………………175
　　　1　本書の研究目的と考察結果のまとめ ……………175
　　　2　研究課題に関する知見 ……………………………176
　第2節　展　　　望 …………………………………………183
　　　1　21世紀の人と組織のマネジメント ………………183
　　　2　グローバル・シチズンシップ ……………………184
　　　3　人と組織のグローバルビジョン …………………185

参 考 文 献 ……………………………………………………187

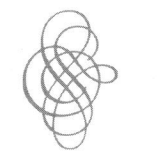

序　章

問題意識と分析視点

1　はじめに

　2008年の後半から拡大した世界的な金融危機に伴う急激な経済活動の落ち込みの中で，日本経済は大きな打撃を受けた。1990年代からの「失われた10年」は一時回復に向かうかと思われたが，このグローバル危機の影響を大きく受けた日本は，今や「失われつつある20年」とも揶揄されるまでになった。この間，多くの企業がその存続のために更なるリストラを実施し，雇用形態等の見直しによる人件費の削減を加速させてきたが，その結果，社員の士気の低下や，技術・ノウハウの伝承や蓄積がなされない，品質クレームが増えるなどの弊害も多く生じた。

　このように，日本の長期的な景気の低迷と混迷のなかで労働市場が構造的に変化し，雇用や社会保障面での不安が深刻化している。内閣府の経済財政白書（2009年）によれば，近年における労働市場の構造変化の最大の特徴は，「非正規雇用に見られる雇用形態の多様化」による正規雇用者の減少にあるとされ，企業組織と人材に対する考え方の変化が統計データにも如実に示されている。**図表 序-1**は，同白書に掲載されている「雇用者における正規・非正規比率の推移」である。

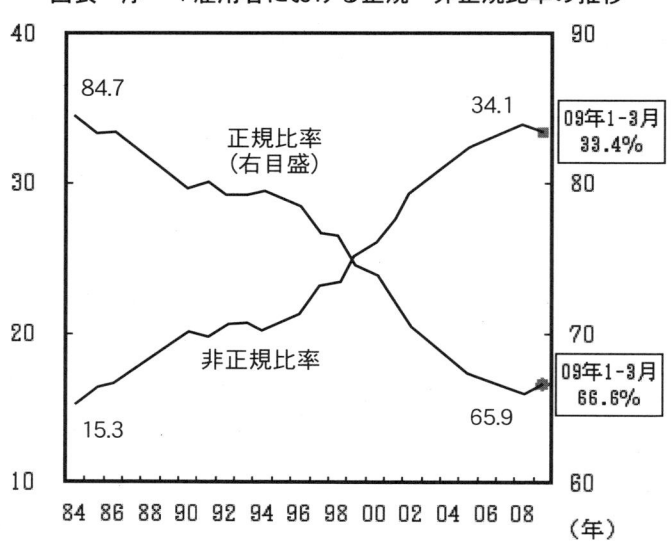

図表　序－1 雇用者における正規・非正規比率の推移

出所：内閣府（2009）『平成21年版経済財政白書』p.200　第3－1－1図

　この図から分かるように，1984年に84.7％であった正規社員の比率は，直近の2009年1－3月期では66.6％と18ポイントも減っており，企業側が厳しい経営環境下で人件費の削減を図るために正規社員を減らし，非正規雇用者を増やしてきたという実態が浮かび上がる[1]。

　こうした環境の激しい変化に企業組織も人も大きく揺り動かされてきたが，歴史の変節点ともいうべき現時点において，企業経営とは何か，企業組織と人のマネジメントとはどうあるべきか，そもそも「働きがい」や「生きがい」とは何か，という基本から問い直し，新たな環境に適応した会社経営の仕組みづくりや人的資源の育成を図ることは，長期的視野に立った経営戦略を講じる上で重要な意味を持つと考える。

2　研究目的と構成

(1)　研 究 目 的

　20世紀から21世紀にかけて，技術革新や医療や遺伝子の研究など自然科学の分野では飛躍的な進展が見られたが，「人の意欲と行動」など組織と人的資源に関しての研究は，カントの「人間学」で「人間とは何か」について論じられた頃から200年以上経っているにもかかわらず，飛躍的な発展があったとは言い難い。「働きがい」や「生きがい」について，また「人間とは何か」についての悩みや問題意識は，200年前の人々と現代のわれわれとほとんど変わりはないのではなかろうか。こうした基本的認識に立って，本書で取り組む研究の目的と特徴は，大きく2つに分けることができる。

　第1の目的は，経営学とは何か，経営戦略や組織・人材のマネジメント理論にはどのような考え方があり，我々は今何をそこから学び取るべきか，という基本的知識の再確認を行うことである。また，本書の特徴は，大学や大学院において「組織と人材開発」論のテキストとして活用できるよう，経営学における経営管理理論，経営組織論，経営戦略や人的資源管理理論等の理論的フレームワークから分かり易く説明し，かつ実践性を重視した内容を盛り込もうとする意図を持って編成されていることである。

　第2の目的は，「人の意欲と行動」「人と組織を活かすマネジメント」とは何かを考察し，次世代を担う人々が21世紀のグローバル社会の一員として，公的機関や企業組織の中で活き活きと働き，やりがいをもって価値創造に貢献していくために必要とされる「組織と人材開発」の新たな概念や施策を紹介することである。本書は，大学や大学院でのテキスト用に編成されていることから，理論学習における正確性を期すために引用と脚注で説明することを心掛け，巻末に参考文献を示した。

(2)　本書の構成

　第1の目的を果たすために，まず第Ⅰ部の第1章から第4章において「経営

学における組織・人材の概念」について説明する。

　第1章では，まず経営学の定義や会社経営の仕組みなど経営学の基礎概念について述べ，次に組織の形態や構造の概念について解説する。第2章では，組織・人材マネジメントは全社的課題として戦略的に取り組まなければならないため，経営戦略との関連性の中でその重要性を説く。次いで第3章では，人と組織のマネジメントに関する理論や企業の事例について述べ，第4章において，組織能力と人材開発についての理論的枠組みと関連知識や事例を可能な範囲で紹介し，説明する。

　そして第2の目的を達成するために，第Ⅱ部において従来の人事・組織論ではあまり見られない試みとして，社会科学・心理学・脳科学・遺伝子学・哲学分野の参考文献を紐解き，「人の意欲とイノベーション」について考察し，組織の中でやりがいをもって価値創造に貢献していくために必要とされる方法論について述べる。

　第5章では，「人の意欲と行動」について，モチベーション理論や心理学・遺伝子学・脳科学分野からのアプローチを紹介しながら考察する。また，第6章において，人と組織の活性化を図るクオリティ・マネジメントや働きがいを高める小集団活動について論述し，第7章では，自己啓発やイノベーションを創発する人材開発について，組織はどのように取り組むべきかについて論じる。

　最後に，終章にて考察結果の総括を行い，21世紀の人と組織のマネジメントは如何にあるべきかについての展望を示す。

3　問題意識

(1)　100年に一度の危機と言われる厳しい経済環境の中で，企業組織と人の関係はどうあるべきか

　金融危機が深刻化した2008年9月以降，日本の上場企業が募集した希望退職に23,000人余りの正社員が応じ，企業倒産で職を失った人85,000人と合わせると10か月の間に10万人を超える正社員が離職したと報じられている[2]。渡辺

序章　問題意識と分析視点

(1994)は，1990年代の世界的景気低迷期に組織のスリム化や効率化などの「リストラ」(事業の再構築)策が多くの企業で実施されたが，企業にとっての本当の課題は，「短期的不況対策より，長期的視座からの全面的な組織の変革であり，人間そのものを見つめ直し，仕事の意味・モチベーションと生産性／生きがい・人と組織の関係を考え直すことが重要である」と説いた。その時点から更に15年ほど経過しているが，こうした課題は未だに解決されておらず，雇用状況が戦後最悪レベルにある現在ではむしろ深刻化している。企業経営が厳しい中で雇用調整が進み，社員は削減されるコストの一部とみなされるのか，あるいは価値を生み出す源泉なのか，という企業組織と人に関する第1の問題意識がここにある[3]。

(2) 経営学における経営戦略や組織・人材のマネジメント理論にはどのような考え方があり，我われは今何を学び取るべきか

　2008年のグローバル金融危機の発端は，「利益を最大化する」という経営者や投資家の欲望にあり，それが市場経済の中で暴走して土地や株高のバブルを生み，そのバブルが崩壊して多くの人に巨額の損失を与え，職を失わせる不幸を生み出したと言われる。こうした欧米型の時価総額至上経営，拝金・覇権主義の失敗例や，エンロン事件や日本におけるライブドア等のコンプライアンスを無視した事件が多発している。我われはもう一度，経営とは何かを問い直し組織と人のあり方を見直し，内外の理論やマネジメント手法を研究して，新たな環境に適応する組織と人材戦略を講じなければならないのではないか，というのが第2の問題意識である。

(3) 次世代を担う若者は働くことや生きることにどのような意識を持ち，社会の中でどのような役割を担うことを期待されているのか

　内閣府が2009年3月に公表した「世界青年意識調査」の結果では，仕事を選ぶ際に重要視することについて，日本の青年はその他の4か国の青年とは異なった意識を持っていることが分かった。図表　序－2に示すように，欧米や

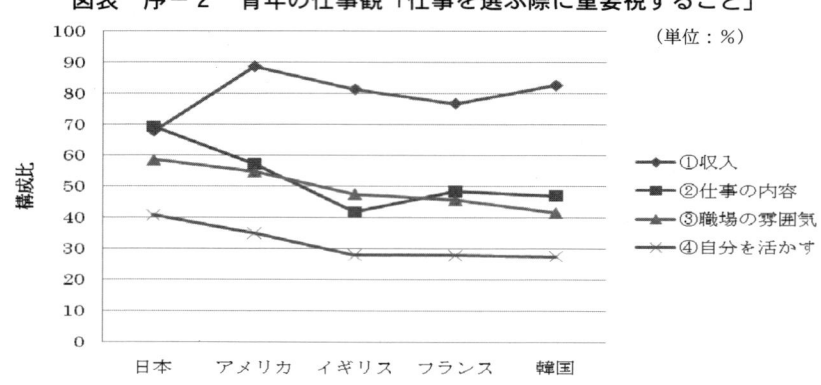

図表 序−2 青年の仕事観「仕事を選ぶ際に重要視すること」

(単位：%)

- ①収入
- ②仕事の内容
- ③職場の雰囲気
- ④自分を活かす

出所：内閣府が公表した「世界青年意識調査」(2009) 結果より筆者が作成

韓国の青年は「①収入」を重要視しているのに対し，日本の青年は「②仕事の内容」「③職場の雰囲気」「④自分を活かす」ことを重要視し，他の4か国の青年より「働きがい」を大切にしていることが明らかになった[4]。

なぜ，日本の青年は，他の先進諸国の青年とは異なった仕事への意識を持っているのであろうか。日本の社会的土壌に育まれてきた「働きがい」や「生きがい」というものが，青年の意識の中にも根づいているのであろうか。または，バブルで金もうけ主義に浮かれ崩壊後にはじけてしまった人々や，長期景気低迷期の厳しいリストラによってはじかれた人々を見たり，就職氷河期を体験してきたことから，収入を追うよりも自分が納得できる仕事に就きたい，という意識の表れなのであろうか。こうした次世代を担う人々の思いを，日本の社会や企業組織はどのようにとらえて導いていけばよいのか，というのが第3の問題意識である。

(4) そもそも人の意欲と行動，モチベーション，働きがいや生きがいとは何か

「どうしたら社員をもっと一生懸命働かせることができるか」という社員のモチベーションに関する問いは，経営者に共通する永遠の課題であろう。「モ

序章　問題意識と分析視点

チベーションは，経営者にとっては生産性の問題であり，個人にとっては生きがいの問題であり，社会にとっては経済成長の問題である」と言われるが，こうした人の意欲と行動，働きがいや生きがいとは何か，というのが4番目の問題意識である。

⑸　人と組織を活性化するには，どのようなマネジメント手法やモデルがあるのか

　5番目は，ますます厳しく複雑になっていく経営環境の中で，人と組織を活性化させ創造力を高めていくためにはどのようなマネジメントが必要か，実際に成果を上げている手法や企業モデルというものがあるのか，という問題意識である。

⑹　自己啓発やイノベーションを創発する人材の開発について，組織はどのような取り組みをすべきか

　最後に挙げるのが，「会社人間」を前提とした人事管理の時代から，個人の自主性を尊重し自己啓発を促す「働きがいのある会社」が注目を浴びる時代に変化する中で，組織はどのような人材開発の取り組みを行ってイノベーションの創発につなげていくべきか，という問題意識である。

　本書では，こうした6つの問題意識を持って，組織と人材開発の重要性について論じるものである。

4　研究課題と分析視点

⑴　研　究　課　題

　前述の問題意識を持って「組織と人材開発」という専門領域の先行研究に照らし，本書における研究課題を以下6項目挙げる。
　①　100年に一度の危機と言われる厳しい経済環境の中で，企業組織と人の

関係はどうあるべきか
② 経営学における，経営戦略や組織・人材のマネジメント理論にはどのような考え方があり，我われは今何を学び取るべきか
③ 次世代を担う若者は働くことや生きることにどのような意識を持ち，社会の中でどのような役割を担うことを期待されているのか
④ そもそも人の意欲と行動，モチベーション，働きがいや生きがいとは何か
⑤ 人と組織を活性化するには，どのようなマネジメント手法やモデルがあるのか
⑥ 自己啓発やイノベーションを創発する人材の開発について，組織はどのような取り組みをすべきか

(2) 分析視点

　そもそも経営学とは，「会社を良くするために試してみて，うまくいった経験や失敗した事例等を分析し理論としてまとめたものであり，理論と実践の繰り返しで変化するもの」である（笠原，2005）。したがって，本書においても「組織と人材開発」に関連する先行研究の理論的枠組みの解説を行うと共に，実際に企業組織の中で実践されてきた事例を取り上げながら，取り巻く環境が変化していく中で今後どのような組織と人材の開発が行われるべきか，という分析視点を持って論じる。
　企業には長い目で見た存在価値というものが必要であり，人と組織が創り出す付加価値が市場での競争優位性を左右する。それだけに，価値創造の担い手である人的資源を尊重する人材戦略や人材開発の重要性が，改めて見直されなければならない。日本には100年を超す長寿企業が10万社以上もあると言われるが，あらためて日本的経営を構成する人と組織の関わり方を見直し，ゴーイングコンサーンとしての企業は「組織と人材開発」にどう取り組むべきか，を中心テーマとして述べていく。
　また，本書の第Ⅱ部では，「人の意欲と行動」というものが，どのような要

序章　問題意識と分析視点

因やメカニズムに影響されるのか，それを組織の中でどのように導くことが働きがいや生きがいに結びつくのか，といった視点で先行研究や事例にあたる。経営学の視点のみならず，心理学などの行動科学や遺伝子学，脳科学の専門家の説く諸概念も参考にしながら，自己啓発とイノベーションをもたらす「組織と人材開発」について考察する。

〔注〕
1）　日本の雇用情勢は悪化の一途をたどり，総務省の発表では2009年7月時点で，完全失業率が5.7％という過去最悪レベルに達した。また，日本全体の就業者数は2008年7月と比べて136万人減って6,270万人，完全失業者数は前年同期比で103万人増えて359万人となった（日本経済新聞社　2009年8月28日　夕刊1面）。
2）　出所：日経新聞2009年8月21日付　朝刊14版
3）　日経ビジネス（2009年3月9日号「社員はコストか財産か」pp.26-27）では，2009年2月中旬に，全国の20～60代の有職者（パート・アルバイト含む）1,032人を対象にした調査結果を次のように示している。
　　　この雇用に関するアンケート結果では，正社員の49％が「自分はコストと思われている」と回答しており，雇用調整の影響を憂える人々の実情を示している。雇用調整により，社員のモチベーションが下がる（70％），会社への忠誠心が薄れ企業風土が悪化する（50％），人手不足となり社員の労働時間や品質などに悪影響が出る（48％），という回答が目立つ。従業員の意見として，「仕事量が増えてミスが増えている」「経費削減の一環で新規採用は派遣に依存しているが，ノウハウや技能が会社に残らない」という声がある一方で，経営者側の「経営者は危機意識が欠如する社員に，倒産するまで付き合わなければいけないのか？」という声も紹介され，組織と人的資源を取り巻く環境が深刻な状況にあることが示されている。
4）　内閣府が2009年3月に公表した「第8回世界青年意識調査結果」により，日本と諸外国の青年の意識を比較している（カッコ内は各国の回答者数を示す）。日本（1,090人），韓国（1,000人），フランス（1,039人），アメリカ（1,011人），及びイギリス（1,012人）における18～24歳までの青少年を対象として2007年11月及び2008年9月に実施した。
　　出所：内閣府URL：http://www8.cao.go.jp/youth/kenkyu/worldyouth8/pdf/gaiyou.pdf

第Ⅰ部 経営学における組織と人材開発論

　第Ⅰ部では，経営管理論，経営組織論，経営戦略や人的資源管理論等との関係から，会社経営の仕組みや経営理念，組織の形態や構造，そして経営戦略と組織人材マネジメントについて説明し，実際に企業がどのような組織能力と人材開発に取り組んでいるのかについて述べる。

第1章

経営学と組織の基礎概念

本章では，まず経営学の定義や会社経営の仕組みなど経営学の基礎概念について述べ，次に組織の形態や構造の概念について解説する。

第1節　経営学の概念

1　経営学とは

(1)　経営学の定義

経営学とは，「社会科学の一分野で，統一的な意思のもとに行動する組織体の構造及び行動の原理を追求する学問」（日本大百科全書）である。つまり経営学は，社会の中でやり遂げたいと考える共通の事業目的を持つ人々が集り，協働する場としての会社組織の運営について学ぶものであり，「会社をはじめとする，さまざまな組織について学ぶ学問」と言えよう（上林，2007）。経営学は，20世紀初頭にテーラーの科学的管理法（Scientific Management）によって成立してから100年余りの歴史であり，他の学問領域からすれば学問的基軸が比較的不明確であると言われるが，会社をある目的に向かって活動する組織としてとらえる学問である（ibid，2007）。経営学は，企業体制論・経営管理論・経営戦略・人的資源管理・生産管理・マーケティング・国際経営・財務会計・経営情報等で構成されるが，本書では特に「組織と人材」のマネジメントを含む人的資源管理論を中心に述べていく（二神，2006）。

(2) ゴーイングコンサーン

　会社は，法律的に法人格を付与された組織体であり，普通の人間（自然人）のように社会の枠組みの中で自由に活動し契約行為もできる。そして自然人と同じように外部環境変化にさらされ，社会的制約の中で生き延びていくための方策を講じ，地道に実行することで目標を達成し繁栄していく。寿命によって営みを断たれる自然人とは異なり，企業はその組織を支える多くの人々によって，ゴーイングコンサーンとして存続することが可能である。

　日本には，創業から100年以上もゴーイングコンサーンとして存続している長寿企業が10万社もあると言われ，歴史的に職技を極めた「匠」や名人が尊敬され，働きがいが生きがいに繋がっている人の割合の多い世界に誇るべき社会である[1]。

　野村（2006, p.211）は，こうした日本の老舗製造業に共通する事項を5つにまとめている（カッコ内筆者注記）。

① 同族経営は多いものの，血族に固執せず，企業存続のためなら，よそから優れた人材を取り入れることを躊躇しないこと（組織と人材）
② 時代の変化にしなやかに対応してきたこと（変化対応・組織能力）
③ 時代対応しながらも，創業以来の家業の部分は頑固に守り抜いていること（企業理念・企業文化）
④ それぞれの"分"をわきまえ，「本業で社会に貢献する」こと（社会貢献）
⑤ 売り手と買い手とが，公正と信頼を取引きの基盤に据えてきたこと（公正と信頼）

　これらは，「組織と人材」が中心となって企業理念を守り，変化対応の経営戦略を実践する組織能力を持って，社会貢献を果たすことの重要性を説くものであり，こうした「企業のＤＮＡ」によって企業存続が図れることを示す証左といえよう。

2　会社経営の仕組み

(1)　企業の目的

　企業の目的について，ドラッカー（2008, p.73）は「それは顧客の創造である」と述べている。顧客こそが企業の基盤であり，企業を存続させ雇用を生み出すものであり，「その顧客の欲求とニーズに応えさせるために，社会は富を生み出す資源を企業に負託するのだ」と唱えた[2]。このことから，顧客のニーズに応える価値を創造し，存続することによって雇用の機会を与えるという「社会貢献」こそが，企業の目的であると言うことができよう。前述の日本の長寿企業に共通する5項目は，「本業で社会に貢献する」ことを「企業のDNA」として継いでいくことで企業存続を図ることができる，という会社経営の奥儀を示しているものと理解できる。

(2)　会社とは何か

　会社とは，目的をもって集まった人々が，経営資源を活用して市場の求める付加価値を提供することで競争優位を築き，将来に向けて存続してゆくべき有機的組織体である。会社経営の仕組みとは何かを知る一番確実な方法は，会社を設立する際に何が必要とされ，どのような手続きをしなければならないかを知ることであろう。

　会社を設立する場合の手順は，およそ以下の通りである。特に①②の会社の目的と人と組織体制の確定こそ会社の原点であり，その会社の何たるかを示すものである。

① 　発起人会を開催し，組織体制・商号・会社の目的（業務内容）・取締役・株主・資本金等の重要事項を決める。
② 　定款の作成と公証役場での認証（定款は，会社の目的・組織・業務等の基本事項を定めた文書で，言わば「会社の憲法」にあたる）
③ 　銀行口座の開設と資本金の払い込みを行う。
④ 　法務局にて会社設立登記を行う。

⑤ 就業規則の作成－常時10人以上の労働者を使用している事業所では，就業規則を作成し，所轄の労働基準監督署長に届け出なければならない。これは，会社の労働条件（労働時間や賃金），服務規律などを文書にして具体的に定めたもので，事業主と労働者間での無用な争いを未然に防ぎ，安心して働ける明るい職場づくりのために必要なルールである。

以上のことから，会社とは「事業目的を共有する人々が，経営資源を活用して顧客が求める付加価値を提供することで社会に貢献し，存続していく有機的組織体である」と言えよう。

3 経 営 理 念

(1) 経営理念の定義

経営理念（management philosophy）とは，「企業経営における基本的な価値観・精神・信念あるいは行動基準を表明したもの」である（広辞苑)[3]。経営理念は，組織としての会社を動かす出発点になるものであり，国の仕組みでいえば，憲法に相当する会社の行動を規定するところの基本的なルールである（上林，2007, p.79）。会社を設立するときに発起人は会社の設立目的を決めるが，その目的達成のために必要とされる価値観や精神を組織の構成員が共有し，組織の求心力を高める働きをするのが経営理念であり，「すべての経営活動の指針，企業の経営の根源的な拠り所となるもの」である（青木，2009）。

経営理念の具体例を以下に示す。

① パナソニックの経営理念は，創業以来の綱領（会社の目的や規範等を要約して列挙したもの）を核としたものである。企業規模が大きくなり活動の舞台がグローバル市場に拡大している現在，様々な国や種族の社員にも共有されやすいように「世界文化の進展に寄与」し，「社会発展のお役に立つ」企業像を描いている。

第1章　経営学と組織の基礎概念

> **パナソニックの経営理念**
> 「私たちの使命は，生産・販売活動を通じて社会生活の改善と向上を図り，世界文化の進展に寄与すること――。綱領は，パナソニック・グループの事業の目的とその存在の理由を簡潔に示したものであり，あらゆる経営活動の根幹をなす「経営理念」です。昭和4年，創業者の松下幸之助が制定して以来，現在に至るまで，私たちは常にこの考え方を基本に事業を進めてきました。また，海外事業展開にあたっても，その国の発展のお役に立ち，喜んでいただけることを第一義としてまいりました。社会，経済，産業…あらゆる面で大きな転換期にある今日，"社会の発展のお役に立つ"企業であり続けるために，パナソニック・グループは今後も経営理念に立脚し，新しい未来を切り拓いてまいります。」

出所：http://panasonic.co.jp/company/philosophy/principle/
　　　（パナソニックWebサイト管理窓口の了承を得て，出所を明示して掲載）

　パナソニックの前身松下電器産業の創業者松下幸之助は，創業以来「物をつくる前に人をつくる」として人材育成の重要性を説いてきた。また「社会の発展のお役に立つ」という考え方は創業以来不変であり，明快な経営理念の実現に向けての企業行動が，社内外で評価されている[4]。

② 　トヨタ自動車の経営理念は，「モノづくり，車づくりを通して，皆さまとともに豊かな社会創りを」というものである。トヨタは，人や社会・地球環境・世界経済との調和を図りつつ，モノづくり・車づくりを通して顧客・株主・取引先・従業員等の「ステークホルダー」とともに成長する企業を目指している。トヨタ自動車およびその子会社は，創業以来，トヨタグループの創始者豊田佐吉の考え方をまとめた「豊田綱領」をトヨタの経営の「核」として貫き，これを「トヨタ基本理念」の基礎としている。そして経営理念を実践するために，「内外の法およびその精神を遵守し，各国，各地域の文化・慣習を尊重し，地域に根ざした企業活動を通じて経済・社会の発展に貢献し，国際社会から信頼される企業市民をめざす」という企業経営の基本方針を定

めている。
③ その他の企業で、興味深い企業理念を掲げている例を3つ挙げる。
- 京セラ：「全従業員の物心両面の幸福を追求すると同時に、人類、社会の進歩・発展に貢献すること」
- キヤノン：「共生」
- 帝人：「人間への深い理解と、豊かな創造力でクオリティ・オブ・ライフの向上に努めます」

いずれの経営理念も、国境や人種・性別・年齢差を超越して共感を呼ぶものであり、組織の求心力を高めるのみならず、取引先を含むステークホルダーの理解を深める役割をも果たしていると考えられる。経営のグローバル化が進んで、日本人以外の社員も増えたことから、経営理念は多様な価値観を持つ人々の心をまとめ、組織としてのベクトルを合わせて統制のとれたオペレーションを行うために、人々の心をつなぎ合わせる接着剤（グルー）のような役割を持つのである。

(2) 経営理念とリーダーシップ

景気の先行きが不透明な中で、企業経営の拠り所である経営理念に沿って経営目的を達成するために、トップ・マネジメントがいかにリーダーシップを発揮できるかが従来にも増して重要になっている。トップ・マネジメントは、その企業の綱領や経営理念を経営行動指針の柱とした経営ビジョンを社内外に示し、リーダーシップを発揮してその組織と人の持てる力を発揮させる役割を担っているのである（梶原, 2004）。

富士フイルムホールディングスの例を挙げると、企業理念として「クオリティ・オブ・ライフの向上」が謳われている。「世界中の人々が、物質面だけではなく精神面の豊かさや、充実感・満足感を持ちながら人生を過ごしていける社会の実現に大きく寄与すること」を使命とする企業理念は、ユニバーサル（普遍的）であり、国境を越えて人々の心をとらえるものである[5]。そして、企業経営のあるべき姿とその方向性について、代表取締役社長が「変化する環境

への適応，社会の信頼に応える，挑戦による価値創造，存続繁栄して行く，その担い手は人材である」というメッセージをステークホルダーに発信している[6]。経営のトップは船の舵取りをする船長に例えられるが，その力強いリーダーシップによって荒波を乗り越える船のクルーは励まされ，示された方向にベクトルを合わせて目的地に向かってそれぞれの持ち場で全力を尽くす効果が期待できるのである。

(3) 経営理念とビジョン

パナソニックやトヨタ自動車において，創業以来の綱領が脈々と組織と人々の間に受け継がれてきたように，その企業の存在意義と事業の方向性，理想や社会的使命等が織り込まれた経営理念は，構成メンバーに受け継がれ，ステークホルダーに示されるべき基本方針である。

一方，ビジョン (vision) とは，普遍的な意味を持ち抽象度の高い言葉で表わされた経営理念を，自社の置かれた状況に合わせて自社が達成していく将来像として描き，より具体的な方向性を示したものである[7]。

経営理念やビジョンを明確にすることで，経営活動の方向性や柱を示すことができるため経営の軸がぶれなくなり，社員が会社の向かう方向性と自己の果たすべき役割をきちんと認識できるようになる。それが従業員のモチベーションを向上させ，組織メンバーの一体感醸成にも役立つのである。

4　コーポレート・ガバナンス

コーポレート・ガバナンスは，「会社は誰のためにあるのか」といった議論に見られるように「企業とステークホルダーとの関係」を意味し，企業を方向付けて統制することを意味している（鈴木，2006，p.152）。

企業の事例でいえば，富士フイルムグループでは企業価値の向上を企業としての最大の使命と認識し，その実現のため，「コーポレート・ガバナンスの強化・充実のための施策を実施し，グループ経営の透明性と健全性のさらなる充

実に努めて，すべてのステークホルダーから信頼される企業を目指す」ことを示している。

　また，資生堂では「グローバル企業への変革の道をさらに邁進することを宣言」し，「世界中の顧客からより一層信頼され，愛される企業となる」ことを公表している。そして，「すべてのステークホルダーから，価値ある企業として支持され続けるために，企業価値・株主価値の最大化に努めるとともに，社会的な責任を果たし，かつ持続的な成長，発展を遂げていくことが重要である，との認識に立ち，コーポレートガバナンス（企業統治）の強化」に努める企業姿勢が，明確に示されている[8]。

　トヨタは，ホームページ上で「トヨタ基本理念に基づき，グローバル企業として，各国・各地域でのあらゆる事業活動を通じて社会・地球の調和のとれた持続可能な発展に率先して貢献すること」を約束している。そして「国内外・国際的な法令並びにそれらの精神を遵守し，誠意を尽くし誠実な事業活動を行い」，「持続可能な発展のために，全てのステークホルダーを重視した経営を行い，オープンで公正なコミュニケーションを通じて，ステークホルダーとの健全な関係の維持・発展に努める」ことを公表している。またトヨタでは，ステークホルダーとの関係を念頭におき，「トヨタ基本理念」の解説としてCSR方針「社会・地球の持続可能な発展への貢献」を作成している。

　このように，日本の企業はグローバル化が進展する中で，各国・各地域での事業活動を通じて，地球規模での社会発展に貢献するという責任までを視野に入れて，企業統治を行っているのである[9]。

第2節　組織の概念

1　組　　織

(1)　組織とは

　本章の第1節で「経営学とは，詰まるところ組織について学ぶ学問」ととらえる説を示したが，本節では経営学の中心的キーワードである「組織」の基礎

概念について述べる。

　組織とは、「Organization＝社会を構成する各要素が結合して有機的な働きを有する統一体。また、その構成の仕方」である（広辞苑）。したがって、経営組織とは「事業目的を共有する人々が集り、有機的な働きをする統一体」と言える。青木等（2009）は、企業の運営に関わる学問として位置付けられる経営管理論の視点から、「企業を動かす主体は、言うまでもなく人の集まりとしての組織であり、組織の中心にマネジャーが存在する。そしてマネジャーを中心

図表1－1　富士フィルムの審議・意思決定・監査組織

取締役会
取締役会は、グループ経営の基本方針と戦略の決定、重要な業務執行に係る事項の決定、ならびに業務執行の監督を行う機関と位置付けられ、原則毎月1回開催される定時取締役会や、必要に応じて開催される臨時取締役会で、意思決定が行われている。
経営会議
経営会議では、取締役会専決事項について取締役会への付議の可否を決定し、また、取締役会で決定された基本方針、計画、戦略に沿って執行役員が業務執行を行うにあたり、重要案件に関して施策の審議を行っている。経営会議は、社長ならびに経営企画および研究開発を管掌する執行役員を常時構成メンバーとして開催されている。
監査役会
監査役制度が採用されており、コーポレート・ガバナンスの一翼を担う独立機関として、監査役会が定めた監査役監査基準に準拠し、監査方針、監査計画等に従い、取締役の職務執行全般にわたって監査を行っている。
内部監査
業務執行部門から独立した内部監査部門として監査部を設け、持株会社の立場から、事業会社の内部監査部門と協業または分担して監査を行い、同社およびグループ会社の業務の適正性について評価・検証している。
会計監査
責任監査法人に会計監査を委嘱し、監査人として独立の立場から財務諸表等に対する意見を表明してもらい、財務報告に係る内部統制の監査も実施している。

出所：富士フィルムホールディングホームページ
http://www.fujifilmholdings.com/ja/about/index.html

とした組織が財の生産・配分を行う」と述べているが，単なる人の集まりではなく，目的達成に意欲を持って協働する"場"が組織の概念である。

では，実際に企業の組織はどうなっているのか，その意思決定はどのように行われるのかについて，富士フィルムグループの例を参考にして述べる[10]。

図表1－1のように，企業の重要案件は経営会議の場で審議され，最終的意思決定が取締役会で行われるのが一般的である。その決定に基づいて業務が遂行され，その結果について，コーポレート・ガバナンスの観点からの監査や財務会計の監査が実施される仕組みとなっている。

2　組　織　形　態

(1)　会社組織のかたち

前述したように，会社とは事業目的に向かって活動する組織体であり，組織は，共通の事業目的を持つ人びとが集まり活動する"場"である。組織形態とは，「会社の中の部門の構成や部門間での分業と調整のパターン」であり，組織図とは部門間の指揮命令系統を示すものである[11]。上林(2007)は，組織形態と組織構造の違いを「組織構造は集権－分権の程度，プログラム化の程度というように，量的に考えるために使われる用語であるのに対して，組織形態は，組織のかたちが組織の動きに対してどのような影響を及ぼすのかを考えるために使われる用語」であると説明し，組織形態の基本モデルを以下のようにまとめている[12]。

(2)　組織形態の基本モデル

①　職能別組織（functional organization）

職務の機能や役割（製造業でいえば，製造，営業，研究開発，財務経理等）ごとに分けられ，運営される組織を指す。各職能部門は，それぞれに与えられた役割と権限に基づいて部門独自に仕事をする。取締役会での意思決定が前提となるため，稟議案件は部門から経営会議に上げられて審議されるが，役員会の決済

が下りるまでに時間がかかり，案件の増大に伴って意思決定が遅れるケースも多くなる可能性がある。また，職能部門間で調整すべき問題が発生した場合，その部門間の最終的な調整は役員会や経営者によって行われなければならず，縦割り組織の不便さが指摘される。一般的に職能別組織図は，図表1－2のように示される。

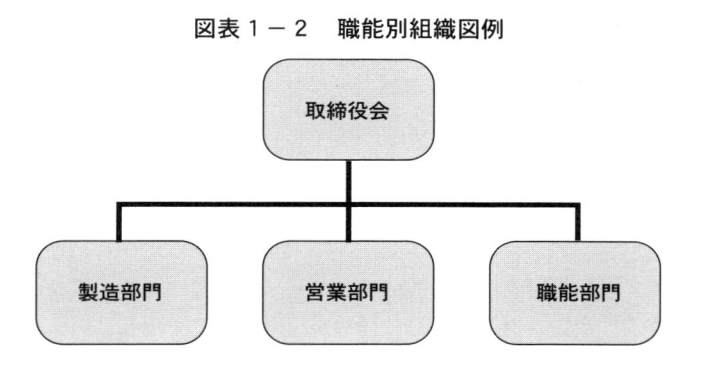

図表1－2　職能別組織図例

```
           取締役会
              │
    ┌─────────┼─────────┐
  製造部門   営業部門   職能部門
```

② **事業部制組織**（divisional organization）

　事業部制組織は，1920年代－30年代にGMやデュポンなど，事業分野の多角化や製品の多様化を図る米国企業によって採用された。職能別組織を採っていた企業が，多くの事業を手がけるようになる過程で生み出された組織形態であり，事業分野別，製品別，地域別といった基準で事業部を作り，必要な職能と権限を事業部が持つ独立採算型の組織である。職能別組織よりも意思決定が速くなり，他の事業部から影響を受けることなく独自の事業計画を立て，経営資源の配分を行うことで臨機応変の対応がしやすくなる。その一方で，各事業部が同じような職能機能を抱え込む結果となるため，全体として重複による無駄が発生するというデメリットも指摘される。

③ **マトリックス組織**（matrix organization）

　事業部制組織と地域別組織，あるいは職能別組織と事業部制組織が，縦横格子状に交わる組織図として描かれる組織形態である。例えば部品メーカーにおいて，自動車関連事業部や家電関連事業部という縦割り組織があり，販売に関

しては，北米地域統括会社や欧州地域統括会社を通じて販売するというマトリックス組織の場合，碁盤の目の中で仕事をする社員は2つの命令系統を持つことになる。

　花王の組織は，ビューティケア事業・ヒューマンヘルスケア事業などの「事業ユニット」と，研究・生産・販売・コーポレートといった「機能ユニット」とのマトリックス組織として紹介されている。組織の壁を取り払い，「公式の組織に対して非公式のネットワークがタテ・ヨコに存在し，それぞれの専門知識が横断的に結び付くことでダイナミックかつスピーディに業務が進み，セクショナリズムを排した社内交流によって社員たちが互いに刺激を与え合い，ともに成長していく」仕組みが注目されている[13]。

　ＡＢＢ（アセア・ブラウン・ボベリ）社は，地域別と事業別マトリックス組織をバーナビク前会長のカリスマ的リーダーシップで効率的に運営し，一時大成功を収めたが，会長の退陣とともに経営が円滑に進まず現在は廃止している。石塚（2009）は，グローバル組織の運営に職能軸と地域軸によるマトリックス型の運営を導入している事例として，「職能軸が販売・マーケティング，商品企画，技術・開発・生産，購買，経理・財務，人事で構成され，地域軸が北米，欧州，その他地域で構成されている」自動車メーカーの例，及び事業別と地域別の2軸でマトリックス型運営が行われている米ディズニー社の例を紹介している。マトリックス組織は，事業戦略と市場戦略という点でよりきめ細やかで迅速な対応が可能になるというメリットがある半面，担当者が事業部と地域統括の2人のボスから評価される，という運営上の難しさを持つ。

④　**カンパニー制**

　カンパニー制は社内分社制とも呼ばれ，事業部制を発展させて事業単位を独立企業のように扱い，開発から製造・販売まですべての責任と権限を委譲するという組織形態である。

　カンパニーの責任者には経営資源を一定限度切り分け，決裁権限や人事権も与えて独立採算とするなど，事業部制よりも大きな権限が与えられる。カンパニー制を採用する背景には，近年の経営環境の激しい変化に対応するためにど

この事業がどれだけ稼ぐ力があるのか，という利益責任をより明確に問うべきであるという考え方や，成果主義的傾向が強まったこと等が挙げられる。

⑤ 分 社 化

　分社化とは，もともと社内にあった事業部や職能部門を独立した会社として切り離すことを指す。事業の選択と集中の意思決定の過程で，分社化によって本体から切り離し，従業員の給与や雇用条件を別建てとすることでコストの削減を図るケースも見られる。

⑥ 持 株 会 社

　持株会社とは，「他の会社の株式を所有することを通じてその企業の支配を行う会社」を指す。持株会社には，自らは直接事業活動を行わず他企業の支配のみを行う純粋持株会社と事業持株会社の2つがある。

⑦ 企業グループ

　日立グループや三菱グループ等日本の大企業の多くは，自社が出資している子会社や関連会社とともに，一体性をもった企業グループを擁して事業活動を行っている。これらのグループ会社は連結決算の対象となり，グループ全体として総合評価される。連結決算の導入によって，企業グループ全体で戦略的に組織運営を図り，業績を高める経営努力が求められるようになった。

(3) その他の組織

① ＳＢＵ（Strategic Business Unit＝戦略的事業単位）

　ＳＢＵは，明確なミッションを持って全社的な面から戦略的計画を策定し，効果的な経営資源の配分と業績評価を実施するための組織単位である。米国のボストンコンサルティング・グループによって開発された戦略策定組織区分であり，ＧＥ，東芝，東レなどでも導入された経緯がある。

② プロジェクトチーム

　プロジェクトチームは，ある特定の問題を解決したり与えられた目標を達成するために，経営資源を効率よく配分して決められた時間内でスケジュールをこなし，成果を上げるべく編成される。タスクフォースとも言われ，問題解決

に向けて社内組織横断的に活動する組織である。プロジェクトは，米国のアポロ計画（人を月に送り，帰還させた宇宙プロジェクト）のような国家プロジェクトから，企業における小規模な社内プロジェクトまで数多くあるが，日本ではシャープの緊急プロジェクトチームがよく知られている[14]。自動車や家電の新モデルの立ち上げに際して，開発・生産技術・生産管理・営業・購買・企画等の部門から選ばれた社員がプロジェクトチームに参画し，完成期限である「Xデー」に向けて其々の業務を同期化させてプロジェクトの目的を達成させ，プロジェクト終了次第解散するという組織形態を採る企業が多い。

3　組　織　構　造

(1)　組織構造とは

　組織構造とは，「社会を構成する諸要素が結合して，有機的な働きをする統一体の仕組みとその構成員の協働関係を設計したもの」である[15]。構造とは「全体を構成する諸要素の互いの対立や矛盾，また依存の関係などの総称」である（広辞苑）が，本書では，経営学の中心的キーワードである「組織」の持つ有機的働きという意味を含むこの定義を採用する。

　チャンドラー（2008）が，「組織は戦略に応じて決まる」ものであり，「組織構造は戦略に従う」と説いているように，有能な人々が集り，社会的価値を創造する"場"としての有機的組織の位置付けが必要であると考える。人々の持つ協働能力が発揮され，役割分担と調整が機能的かつ有機的に設計され，環境の変化に応じて人々が策定する戦略によって柔軟に編成されていくものが，組織構造の概念である。

(2)　組織構造の基本設計

　それでは，組織構造というものは，どのように設計されているのであろうか。組織の設計について伊丹等（2005, pp.262-271）は，以下５つの基本設計変数を挙げている。

第1章　経営学と組織の基礎概念

① 組織における仕事，役割（職務）の分担（分業関係）
② 役割の間の指揮命令関係（権限関係）：職務権限規定（組織のフラット化とは，権限委譲のことを指す）
③ 役割同士を結びつけ，調整をするグループ化（部門化）
④ 役割の間の情報伝達と協議のあり方（伝達と協議の関係）
⑤ 個々人の仕事の進め方を，どう定めておくか（ルール化）

　　行動プログラムは，組織的な学習の成果であり，規則，職務分掌規程，或いは標準作業手続等の文書化を進めることを，組織のルール化という。

こうした要件によって，組織は設計され・組み立てられて運営されるものであるが，留意すべき点は，組織は保守的・官僚的・硬直的になりがちであり，時代や内外の環境の変化に適応するように柔軟に編成していかねばならないということである。

〔注〕
1）　日本流経営には，道徳律という考え方－売り手・買い手だけでなく，その商売によって世の中の不足を補って社会に貢献する「世間よし」という近江商人の教えにみられる職業倫理があり，今日で言うＣＳＲ（企業の社会的責任）が徹底されてきた経緯がある（日経ビジネス，2009年1月5日号）。野村（2006, p.20）によると，創業100年以上の会社は東京商工リサーチの150万社のデータ中では15,207社，これに含まれていない小規模企業も含めると実に10万社以上に上ると推定されている。
　　中でも，「現存する世界最古の会社」とされる大阪の「金剛組」という建設会社は1400年の超長寿企業であり，我われに馴染み深い企業でいえば，ヒゲタ醤油（1616年開業）で390年，キッコーマン醤油（1661年）で約350年の老舗が挙げられる（ibid, p.85）。
2）　ドラッカーは，日本企業の研究結果を踏まえて，顧客の創造につながるマーケティングの考え方は，1650年頃の日本に開店した三井家・三越が発明したことを引き合いに出し，「顧客こそが企業を存続させる」ことの論拠としている。また，ドラッカーは，同書が出版された1973年頃の日本企業の観察結果から，日本の企業には，自発的に人事・教育訓練・購買などについての通信教育や外部セミナー，夜間の専門学校に通っている者が大勢いることを例に挙げて紹介している。より高度のビジョン・能力・期待値をもって仕事を行うために，継続学習をする勤勉な社員が支える日本企業組織では，「全体を見つつ，そこで行われている一つ一つの仕事に関心をもつ人材が育つ」と評価されている（ドラッカー，2008, pp.300－305）。その時点から30年以上経過した現在，日本企業も働く日本人社員も大きく変容しているが，経営を支える組織

第Ⅰ部　経営学における組織と人材開発論

と人材のあるべき姿の参考となるドラッカーの言葉である。
3）　笠原（2005）は，経営理念を「社会に対して提供する価値や社会への貢献など，企業の目指す方向を示すもの」と定義している。
4）　パナソニックは，競争力や企業価値を左右する品質経営度調査ランキングで，2004年度に次いで2009年度にもトップにランクされた。日本科学技術連盟が実施した，人材育成や品質を維持向上させるための取り組み度の調査結果についての評価であり，日本国内の有力製造業・建設業600社を対象として2009年7月に実施された（出所：日経新聞2009年10月1日付朝刊）。

　　また，社員の意欲を向上させる制度や，働く側に配慮した職場づくりなどを推進している企業を評価する「働きやすい会社2009年」ランキングでも，パナソニックが2007年に次いで首位にランクされた。これは，日本経済新聞社が日本国内主要企業436社から有効回答を得，ビジネスパーソン2,184人から得た回答をもとにビジネスパーソンが働きやすい会社をランク付けしたものである（出所：日経新聞2009年9月7日付朝刊）。
5）　「わたしたちは，先進・独自の技術をもって，最高品質の商品やサービスを提供する事により，社会の文化・科学・技術・産業の発展，健康増進，環境保持に貢献し，人々のクオリティ・オブ・ライフのさらなる向上に寄与します。」というものである。
　　出所：http://www.fujifilmholdings.com/ja/about/index.html
6）　ホームページに掲載されている文章の一部を，同社の許可を得て以下に引用する。
　　「我々は，変わり続ける。時代の変化に適応し，挑戦し，新たなるものを創り出す。社会の信頼に応え，未来につなげていくことこそ，企業経営の根幹である。我々は，困難な課題に挑戦し，新たな価値を創造する。過去－現在－未来をつなぐもの，それは人材である。」
　　出所：http://www.fujifilmholdings.com/ja/about/index.html
7）　例えば，パナソニックでは「ユビキタスネットワーク社会の実現」と「地球環境との共存に最先端技術で貢献すること」を事業ビジョンに掲げて，具体的にどのような貢献を志向するのかを示している。
　　出所：http://panasonic.co.jp/company/philosophy/vision/
8）　資生堂は，コーポレートメッセージである「一瞬も一生も美しく」に込めた想いを実現するために，同社ならではの「化粧を通じた社会活動」をＣＳＲ活動の柱として積極的に展開している。「資生堂は，お客さま，お取引先，株主，社員，社会というすべてのステークホルダーから，価値ある企業として支持され続けるために，企業価値・株主価値の最大化に努めるとともに，社会的な責任を果たし，かつ持続的な成長，発展を遂げていくことが重要である，との認識に立ち，コーポレートガバナンス（企業統治）の強化に努めています」とホームページ上で，その企業姿勢を示している。
　　出所：http://www.shiseido.co.jp/csr/comit/index.htm（資生堂の事前承認を得て引用した）
　　株主や顧客，社員を含むステークホルダーの理解と支持を得るのにふさわしいメッセージによって，組織の一体化を進める効果がもたらされている。

第1章　経営学と組織の基礎概念

9) 日本の代表的な企業によって構成される社団法人日本経済団体連合会では,「企業行動憲章」を定め,企業の社会的責任についての取り組みを行うことを謳っている。日本経済団体連合会「企業行動憲章」抜粋：日本経団連は,1991年に「企業行動憲章」を制定した。その制定の背景としては,「市民社会の成熟化に伴い,商品の選別や企業の評価に際して企業の社会的責任（ＣＳＲ：Corporate Social Responsibility）への取り組み」が注目され,グローバル化の進展に伴って「児童労働・強制労働を含む人権問題や貧困問題などに対して世界的に関心が高まっており,企業に対しても一層の取り組みが期待」されたことを挙げている。その上で,企業は,「ステークホルダーとの対話を重ねつつ社会的責任を果たすことにより,社会における存在意義を高めていかねばならない。(中略) その際,法令遵守が社会的責任の基本であることを再認識」する必要があることを説いている。
   出所：http://www.keidanren.or.jp/japanese/policy/cgcb/charter.html
10) 出所：富士フィルムホールディングホームページより許可を得て転載。
   http://www.fujifilmholdings.com/ja/about/index.html
11) 上林等（2007, p.100）を参照。
12) 上林等（2007, pp.102－123）を参照。
13) JMAM人材教育（2008, 7月号, pp.23－39）を参照。
14) シャープでは,戦略的新製品の開発の際にタスクフォース組織が用いられ,戦略的に重要な製品開発は「緊急プロジェクト制度」のもとで行われたとされる（野中他,2001, pp.243－245, p.274）。緊急プロジェクトチームのメンバーは,1,2年のうちに優先順位の高い製品や技術を開発することになっており,社長の直属で所属部署から一時的に異動させられてプロジェクトのためだけに働くという制度である。プロジェクト期間中は,メンバーには役員と同じくらいの権限を象徴する「金バッジ」が与えられたことから「シャープの金（緊）プロ」として有名である。
15) 磯山（2009）は,「組織構造とは,組織の存続可能性を保証する固定化された役割の関係」と定義し,「組織構造は,役割間の関係であるから非人格的な関係であり,特定の個人の存在を前提としない」と説く。つまり,組織を構成している個人がどのような人格を持っているかといった属人的要素は考えず,前任者が組織から離脱しても,次の者がその役割を担当することで存続がはかれるような「組織の骨組みであり枠組み」であるとしている。

第2章

経営戦略と組織

「優れた戦略，優れた組織，優れた人材」が，優れた企業経営を実現すると言われる。本章では，経営学において最も重要な命題の一つである「戦略と組織と人材」の関係について述べる。

第1節　経　営　戦　略

1　経営戦略とは

(1) 経営戦略の定義

そもそも戦略（strategy）という概念は，ギリシャ語の「strategia 将師術」を語源としており，「長期的・全体的展望に立ち，戦争全体を総合的に考え，利用可能なあらゆる資源を用いて，各種の準備・計画・運用を行なう方法である」と定義づけされる（寺本他，2006）。東洋においてもその概念は，紀元前5世紀の孫子の兵学や，日本における兵法などの軍事戦略的思想に見られる。軍事戦略と企業経営戦略は，迅速で果敢な決断力と実行力をもって組織を動かすという組織の統制や指揮，また構成員の士気や人的資源を重視するという点において共通する部分が多い（原口，2007）。

第二次世界大戦中，米国において軍事上の戦略展開に際し，オペレーションズ・リサーチやプロジェクト・マネジメント，兵器及び軍需物資の輸送や在庫管理を効率的に行う兵站のマネジメント手法並びに，必要とされるレベルの品

質を持つ物資を大量に効率よく生産するための品質管理などの研究が発達し，戦後こうした研究の成果と実績が民間企業にも取り入れられた。オペレーションズ・マネジメント，プロジェクト・マネジメント，ロジスティクス，クオリティ・マネジメント等のマネジメント手法は，様々な分野に応用されるようになり，経営学の一分野として扱われて日本にも戦後その手法や考え方が取り入れられるようになった。そうした中で，自社の競争優位を獲得することをめざし，あらゆる経営資源を投入して，環境適応的に行う一連の意思決定と行動の体系としての「経営戦略」が注目されるようになった（寺本他，2006）。

伊丹（2006, p.2）は，経営戦略とは「市場の中での企業の行動や意思決定の基本的指針になるべきもの」であり，「市場の中の組織としての活動の長期的な基本設計図」と定義している。一方，戦略的な経営を行うという意味で使われる戦略的経営（strategic management）は，「企業の共通目標を認識し，企業の進む方向を管理し，企業の業績を伸ばす戦略を立案し実行すること」を示し，とらえ方が異なる（サローナー，2007）[1]。

以上を踏まえて，本書では「経営戦略とは，企業が企業活動の目的である競争優位の獲得を目指して，どのような事業を営むかに関して，環境適応的に行う，一連の基本的な意思決定と行動の体系である」とする寺本等（2006, pp.17－23）の定義を採用する。

(2) 経営戦略の重要性

企業経営は，常に外部環境の変化にさらされており，その経営環境の中で最適な経営戦略を策定し，その組織が活用できる経営資源の適正配分をし，目標に向けて有機的な活動をしていかねばならない。優れた企業戦略を策定するだけではなく，質の高い経営資源をフルに活用し，目標とする市場分野において効率的な組織運営によって諸施策を実行しなければ，競争優位性を維持拡大させることはできない[2]。個々の事業の競争優位を生み出す方向に，自ら持てる経営資源を投入して活動を展開していくことが，経営戦略の核心である。

(3) 戦略的環境適応理論

戦略的環境適応理論は，コンティンジェンシー理論とも言われ，「1960年代前半に英国で生まれ，米国で精緻化された理論であり，環境の特性と経営戦略や経営組織との間の適合関係について，中範囲の命題を理論的・経験的に確立しようとする理論」である（加護野他，1997，pp.10-13）。繰り返しになるが，企業は，産業構造や顧客要求が変化する環境の中で経営をしており，こうした環境変化がもたらす機会や脅威に適応する経営戦略を策定し，組織的に実行していくことによって経営成果を上げることができるのである。

(4) 企業戦略と事業戦略

経営戦略を構成する全社戦略，事業戦略，職能別戦略について，青木（2009）や寺本他（2006）の分類に沿って以下に解説する[3]。

① 全社戦略

全社戦略は，企業の戦略行動の大枠を示すものであり，企業全体としての事業展開，自社の製品，対象とする顧客等，自社の生存領域であるドメインの決定を行い製品-市場領域を決定していくことである。経営戦略の階層構造の中で最上位に位置して企業全体を対象とする戦略である「企業戦略」や，「多角化戦略」（diversification strategy）と呼ばれる場合もある。

② 事業戦略

事業戦略は，個々の事業レベルの戦略であり，特定分野で設定された目標を達成できるように自社の競争優位を作り上げることを目的とする。事業戦略は，競争戦略（competitive strategy）と呼ばれることもある。

③ 職能別戦略

職能別戦略は，「企業内の様々な職能部門が保有する資源の整備や活用に関わる戦略であり，具体的にはマーケティング，生産，研究開発，人事などの職能における事業戦略達成に向けた諸活動」を示す。

以上のような経営戦略の策定，実行にあたっては，トップマネジメントの全体観と長期的ビジョンを持ったリーダーシップを柱として，組織の関係部署が

情報を共有し，連帯感を持って有機的に展開することを心掛けるべきである。

2　経営戦略と組織・人材

(1) 経営戦略と組織

　経営学において最も重要な命題の一つは，「戦略と組織と人材の関係」を如何に理解するか，ということである。「優れた戦略，優れた組織，優れた人材」が，優れた企業経営を実現するであろうということは論を待たないが，経営戦略と組織・人材に関する研究で著名なチャンドラーとアンゾフの二人の説をまず以下に紹介する。

　チャンドラーは，1900年代のアメリカにおける大企業（デュポンやGMなど）の経営と組織を詳細に分析し，「企業は環境変化のもたらす問題や事業機会を察知すると，それに適応するために新しい戦略を採用するが，その新しい戦略が既存の組織構造と適合しなければ，問題解決のために新しい組織を採用するという原理」を発見した[4]（寺本他，2006）。

　チャンドラー（2008）による戦略の定義は，「長期の基本目的を定めた上で，その目標を実現するために行動を起こしたり，経営資源を配分したりすること」であり，このような行動を行うことを戦略的意思決定と呼び，経営トップの重要な役割であるとしている。

　新しい戦略の採用は組織形態に影響を及ぼすとして，「組織は戦略に従う」と唱えた。また，「組織イノベーションへのニーズに応えるための組織改編が高い成果を生む」として，イノベーションの意義と事業部制の重要性についても説いている。

　一方アンゾフは，企業を取り巻く環境は乱気流の渦巻く不連続の環境と理解し，こうした条件下で組織が生存していくには，戦略的な推進力，組織風土，責任者グループの能力等が必要であり，「戦略は組織構造に従う」という新しい仮説を提起した。戦略の策定は組織の持つ能力や特性によって左右されると考え，組織開発と能力開発の重要性を強調した（アンゾフ，1980）。

アンゾフの言う必要な能力とは，戦略を積極的に実行していく能力である「戦略的推進力」，メンバーの業績欲求や行動欲求を促す「風土」，問題解決能力やリーダーシップ等「責任者グループの能力」，そして資源調達や配分といった「ロジスティックスの能力」の4つである。戦略は組織によって規定される従属変数であり，人材は組織能力の一つの構成要素という位置づけで説明されている（寺本他，2006，pp.204-207）。またアンゾフは，『企業戦略論』の中で「企業というものは"目的を持った"組織であり，その企業行動は明確な最終目的とか目標といったものに方向づけられる」と述べた。企業における主たる意思決定を，戦略的意思決定（拡大化・多角化戦略など集権的に行われるもの），管理的意思決定（組織化や資源の調達など戦略と業務管理について行われるもの），そして業務的意思決定（マーケティングや研究開発等の業務について分権的に行われるもの）の3種に分類した（アンゾフ，1969，p.12）。ここでいう戦略的意思決定というのは，「企業全体を外部環境の変化に適応させるための意思決定」であり，事業領域の選択等全社的な企業戦略の決定や，研究開発戦略，財務戦略，マーケティング戦略等，組織の各部門において適切な戦略が必要になるという考え方である（ibid, pp.150-151）。

(2) 経営戦略と経営資源

ポーター（2003，pp.210-243）は，企業戦略には事業単位の競争戦略と，企業レベルの戦略の2つのレベルがあると分類した。その上で，グローバル企業として成功するには，「競争をグローバルな視点で捉え，世界的規模で統合された戦略を策定して，競合他社よりも積極的かつ効果的に自社の戦略を実践しなければならない」として，グローバル戦略の重要性を強調した。また，石井他（1999，pp.4-11）は，経営戦略を「環境適応のパターンを将来志向的に示す構想であり，企業内の人々の意思決定の指針」であると唱え，ポーターと同様に「企業戦略」及び個々の事業分野における競争優位性を築くための「事業戦略または競争戦略」の2つに分けている。経営戦略を実行する際には経営資源をどのように活用するかがポイントとなるが，彼らは「信頼に基づく日本型経営

システムが，組織内に互恵的な規範を確立し，構成員間の知識・情報の共有，親密感の醸成，組織維持の動機付け，組織への貢献度の向上を促す機能を果たす」と述べ，日本企業が築き上げてきた信頼性の高い経営システムというものが日本企業の競争優位の源泉の一つであり，最も重要な経営資源であると結論づけている (ibid. pp. 231-233)。安定的雇用・人的資源の尊重・チームワークといった日本的経営の特徴として挙げられるキーワードが，信頼関係構築に強く作用し，その競争優位の維持拡大に貢献していると考えることができる。

また石井らは，企業には日々仕事を通じて蓄積される経験効果というものがあり[5]，「従業員の高い質と安定性」を前提として，経験による習熟効果，改善・効率化・標準化の成果，能率向上の成果が確実になる，と述べている。この考え方につながるものが，人的資源を尊重するクオリティ・マネジメントの実践と成果から導かれた，質と生産性と競争力向上の強い相関関係であり，第6章において詳しく述べる。

(3) 経営戦略と組織体制

企業が長期的に存続してゆくためには，常に新たな環境に対応し適正な経営資源の配分を行わなければならないが，企業の進むべき方向を示す経営戦略を策定し実行していくしっかりした組織が必要である。競争戦略と組織対応の好例として，トヨタやホンダにみられるような高い品質と信頼性，低価格性を訴求する戦略及びそれ等を達成する強力な組織体制を挙げることができる。日本企業に多く見られる組織上の特質は，開発・製造・販売といった機能別組織の柔軟な運用にあり，車種系列による事業部制をかたくなに守ってきたGMの経営戦略と組織体制とは大きく異なる（石井他，1999）。このように，経営戦略と組織体制は，企業業績の明暗を分ける最重要経営課題のひとつと言えよう。

(4) プロセス型戦略

チャンドラーやアンゾフの唱えた経営戦略論は，戦略的意思決定は主にトップマネジメントや少数の戦略スタッフが行い，戦略の実行は現場の人々が進め

るという考え方に立つ「分析型戦略論」と呼ばれた。しかし，現実のビジネス界では，机上で分析的に練り上げられたプラン通りにはいかないことが多く，組織の前線である営業や工場などの現場で，顧客や市場の生の声を反映させた新たな戦略が形成され，積み上げられていくべきであるという考え方を「プロセス型戦略論」と呼んでいる（寺本他，2006）。その戦略論の代表的研究者であるミンツバーグによると，「戦略策定には，計画的プロセスと創発的プロセスという2つのプロセスがある」と言われる。計画的プロセスとは，「自社にとっての外部環境の機会や脅威，自社の強みや弱みの詳細な分析を行った上で，長期的な目標や計画が当初意図されたように完璧に実行されることを目指すもの」である。また，創発的プロセスとは，「環境の変化によって当初意図された戦略に組織内で何らかの変更を加え，実現に向かうもの」であるとされる[6]。戦略形成にあたって，計画的プロセスと創発的プロセスのどちらか一方に偏ることは大きな問題を発生させる危険性があり，この2つの戦略形成プロセスをバランスさせることで，「経営トップのビジョンのもとで，従業員は創造性を発揮することができ，新たなアイディアを組織的に生み出すことができる」と考えられている（青木他，2009，pp.106-118）。

(5) コア・コンピタンス経営

　コア・コンピタンスとは，「顧客に対して，他社にはまねできない自社ならではの価値を提供する，企業の中核的な力」である[7]。1995年に出版されたハメルとプラハラッド共著の『コア・コンピタンス経営』では，企業組織の中で抱える問題，つまり「十年後の業界とその中での自社の地位に対するビジョンはあるのか，自社の競争優位性とは何か，経営幹部は競合他社の脅威を認識し，戦略を立てているのか」といった問題意識をまず問いかけている。その上で，他社との競争に自信を持てず将来に不安を感じる現状にとどまるのではなく，今後の会社の成長や新しい事業展開への希望を現実のものにするために，コア・コンピタンスという組織能力を構築した戦略を立てて実行すべきである，と説いた。彼らは，米国産業のリーダー的企業であったGM，シアーズ，IBM，

ウェスティングハウス、フィリップス等について「かつての栄光は次第に消え去った」と憂い、自社の組織構造、価値観、能力が次第に時代遅れになり、悲痛な企業変革によって人員の削減に手をつけて、社員の士気を低下させている企業が多いことを指摘した[8]。そして、企業は将来を見据えた企業戦略を立てるべきこと、新しいコア・コンピタンスを構築して、社員が感動しながら野心を追求し、未来に希望を抱かせることが重要であると強調している（ハメル他、2001, pp.376-377）。彼らのその指摘と警告は、2009年に企業再生法の適用申請をしたGMに代表されるように、環境変化への適応ができなかった巨大企業の凋落が14年後に現実のものとなったという点で示唆に富んでいる。

3　戦略と経営理念

(1) 経営戦略と経営理念

第1章で述べたように、「経営活動の指針、企業の経営の根源的な拠り所」である経営理念は、経営戦略と深くかかわっている。経営理念に刻まれた経営目的の達成に向けて、トップ・マネジメントと組織構成員である従業員が一体化して戦略の策定と実践を行うことで、長期的繁栄がもたらされるのである。伊丹他（2005）は、組織で働く人々が経営理念を必要とする理由として次の3点を挙げている。

① 組織で働く人々は、モチベーションを高める理念的なインセンティブを欲する。
② 理念が人の意欲をかき立て、人々の行動、判断の指針を与える。
③ 理念はコミュニケーションのベースを提供する。

経営理念やビジョンの明確化によって、会社の向かう方向性並びに社員が自己の果たすべき役割をきちんと認識できるようになり、社員のモチベーションを向上させて組織の一体感が醸成されるという効用が期待できるのである[9]。

(2) 経営理念の効用

経営理念やビジョンは，経営戦略の上位概念と位置付けられ，環境変化に適応するための柔軟な対応をしながらも，あくまで経営理念に基づくビジョンを実現するような戦略が策定されることになる。例えば，トヨタ自動車の企業理念は，「よりよいモノづくりを追求することを通して社会に貢献すること」である。この基本理念を追求しながらトヨタ独自の経営上の信念や価値観を反映した経営戦略が作り上げられ，経営管理や実務遂行上の手法が編み出されてきたと考えられる。それがトヨタの組織能力を高め，競争力の源泉として伝承されてきたと言えよう。

(3) 経営理念と業績との関係

経営理念やビジョンが社員に浸透し，共感・共鳴を得られている場合には，企業の向かうベクトルが一致し，社員は戦略の策定や実行といった戦略形成のプロセスにも積極的に参画するようになる。その過程で，新製品の開発や新規事業の開発といったイノベーションが創発され，それが企業のさらなる成長性や収益性といった業績に結びつくことが期待される。

第2節　経営戦略と組織

1　戦略と組織の仕組み

経営戦略の定義については第1節で述べたが，石井他 (1999) は，経営戦略を「環境適応のパターンを将来志向的に示す構想であり，企業内の人々の意思決定の指針」ととらえ，「企業の進むべき方向，経営資源を集中して努力すべき対象，資源展開パターンを定めた環境適応のための基本構図」と説明している。こうした戦略を実行していくのが仕組みとしての組織であり，その仕組みの中で考え創造・実践していくのが人の役割である。企業がゴーイングコンサーンとして成長し存続していくためには，経営戦略と組織と人が，有機的に結びつ

きながら環境に適応する仕組みが必要となる。

　本書では、経営戦略と組織のどちらが先でどちらが後か、というこれまでの経営学上の論議を尊重しながらも、企業が存続するためには環境変化に適応するように経営戦略を変え、その戦略によって組織の仕組みを変革していくべきである、という環境適応論に依拠するものである。

2　経営組織と戦略

(1)　組織の成長戦略

　企業は行動方針を立て、目標を達成するために経営資源を配分し、需要変動、景気の波、技術進歩、競合他社の動きなどに合わせて、戦略や組織体制を調整して事業活動の継続や拡大を図っている（岸田, 2005）。組織の舵取りをする経営者は、常に環境の変化に対応することや新たに蓄積された資源を有効に活用する努力を行い、組織に新しい成長戦略を取らせることが必要になってくる。

(2)　日米企業の経営組織比較

　では一体、経営組織とはどういうものか、日本企業と米国企業の組織の特性について以下に述べる。加護野等 (1997) は、日本的経営論というものは、経営戦略論や経営組織論として論じられるべきであるとして、日本的経営を米国企業の経営と比較し、その経営方式が国際的にみてどのような特徴を持っているかについて、実証的かつ論理的に述べている[10]。

　特に注目すべきは、有機的適応パターンを特徴とする日本型の組織編成をグループ・ダイナミクスと呼び、一方の機械的適応パターンとして括られる米国型の組織編成をビュロクラティック・ダイナミクスと対比している点である。彼等の分析によると、日本企業は一般的にオペレーション志向戦略とグループ・ダイナミクスへの依存度が高く、継続的変化への適応に強い傾向があるとしている。また、パス解析によって、日米両国企業の戦略や組織が企業成果にどのような意味を持つかについて分析した結果、高業績・高成果をもたらす組

織編成には日米間でかなり共通点があり、グループ・ダイナミクスとビュロクラティック・ダイナミクスを同時に極大化させているという知見は、非常に興味深い。

第3節　戦略的人的資源管理

1　戦略的人的資源管理（SHRM）

戦略的人的資源管理（Strategic Human Resource Management, SHRM）は、「企業の長期的目的・目標達成のため内外の環境適合を図り、企業競争の長期的優位な位置を確保し、永続的競争力を持続するため、組織成員の人間性重視を前提とし、経営構造を革新するような人的資源活動のトータル・システムを設計・行動すること」と定義される（花岡, 2001）。グローバル市場での企業活動がますます進展する中で、環境適応的な経営戦略の考えや、永続的競争力持続のために従業員の人間性を尊重してエンパワーメントを促す、人と組織のマネジメントが一層重要になっている。本節では、人的資源管理についての歴史的背景やその基本概念について述べ、21世紀の戦略的人材マネジメントを展望する。

2　人事管理からSHRMへ

(1)　人的資源管理論の系譜

1910年代に全米規模で拡がったテーラーの科学的管理法[11]は、人間の労働を標準化したもので、作業の合理化・効率化をもたらす経営・社会規範となる理論である（武田, 2002, pp.215-219）が、一定の成果はあったもののその評価には賛否両論ある。1930年代には人間関係論が出現し、それまでの合理性・経済性の追求を主とした経営管理論だけではなく、組織において人間性の尊重が如何に重要であるか、人間関係が経営管理に及ぼす影響の大きさについて研究さ

れるようになった[12]。今世紀になって米国で研究されてきた経営学の中で、多くの人的資源管理に関係する理論が唱えられたが、渡辺（1994, pp.67-70）は、それらの基盤となっている人間の本質に関する基本的前提に焦点を置いて、4つのグループに分類した。

① 科学的管理論－経済合理的人間像
　　人間は経済的要因によってのみ動機づけられているとみる。
② 人間関係論－社会的人間像
　　労働者は会社そのものに対してよりも、職場の仲間集団に対して反応しやすいとみる。
③ 人的資源論－自己実現的人間像
　　人間は本来、積極的に責任の遂行を求める性向を備え持つとみる。
④ 条件適応理論－複雑な人間像
　　労働者の動機や生産技術が変化すれば、労働者の仕事に対する態度や仕事の効率も変化するとみる。

(2) 人的資源管理の概念

人的資源管理は、「企業と従業員との関係のあり方に影響を与える経営の意思決定や、行動の全てを統轄するもの」である。序章で述べたように、社会・経営・雇用の環境の変化は、個人の価値観にも大きな影響を与える。そして、企業組織の目的を達成するためには、変化に迅速かつ柔軟に対応できるような組織と人材の備えをするという、戦略的人的資源管理が必要とされるのである。

「人事管理」(Personnel Management：PM) に代わって「人的資源管理」(Human Resource Management：HRM) という言葉に転換され始めたのは、1980年代中盤以降のことであった[13]。1970年代後半、日本や欧州企業の攻勢に悩んだ米国産業が、新たな競争戦略の柱として注目したのが人材戦略であった。当時の米国企業の経営幹部層が、最大のライバルとみていた日本を観察した結果、その優れた生産性と品質をもたらしているものは、経営者と労働者と組合が協調的な関係を築き上げた経営モデルであるということが判ったと指摘している。米

国企業における従業員のモチベーションや経営への信頼感の低さ，競争力を高めるために必要とされる変革に対する従業員の抵抗の強さ等が問題にされていた当時，組織行動，組織開発，労働管理，人事管理についての理論を統合し，企業の管理職に戦略的視点を提供する意図をもって構成されたものが，人的資源管理の概念である。

(3) 戦略的人材マネジメント

1990年代になると，ＨＲＭは戦略的でなければならず人材は持続的競争優位実現のための戦略的な資源である，という考え方が進展し，「戦略的人的資源管理」あるいは「戦略的人材マネジメント」(Strategic Human Resource Management：SHRM) という理論的枠組みで語られるようになった。戦略的人的資源管理論は，「経営戦略，特に事業戦略や競争戦略と人的資源管理の連動，採用や評価，処遇，配置，教育・訓練等の人的資源管理の諸活動間の連動」を重視し，「企業がその戦略目的を実現するために，資源としての人間（従業員）をいかに活用，開発，発掘するか」という考え方である。戦略実現の主体はあくまで人間であり，「人は組織文化を形成し，戦略を方向付け，維持し，変革する主体」とみている（寺本他，2006）。

時間の経過とともに組織も人材も硬直化し，環境の変化に機敏に対応できなくなるため，全社的な立場で長期的視点に立った戦略人材マネジメントの取り組みが必要になっているのである。戦略実現における人間の主体的な側面に注目する考え方として，野中郁次郎他（2001）は組織的知識創造理論を唱えているが，詳しくは第3章で述べる。

(4) 人的資源管理部門の役割

では，戦略的に人的資源管理を推進すべき部門では，具体的にどういう取り組みをすればよいのだろうか。

ウルリッチ（2005, pp.33-34）は，1997年に"Human Resource Champions"（邦題は『ＭＢＡの人材戦略』）を著し，「人材経営の実践は，従業員個々人の能力

第Ⅰ部　経営学における組織と人材開発論

と企業の能力の発揮を促す組織プロセス」であるとの認識に立って，人的資源管理部門（人材経営専門職）が，従来のやり方を変えて積極的に，戦略的役割を果たすべきことを説いた。そして，グローバル化が進展し環境が変化する中で，人材経営専門職は次の4つの複合的な役割を担うことを要求されていると述べた。

① 戦略的人材マネジメント（戦略パートナーになる）
　事業戦略と人的資源管理の統合。達成すべき成果は戦略の実現である。

② インフラストラクチャーのマネジメント（管理のエキスパートになる）
　生産性の高い人事インフラを構築し，運営すること。

③ 人材からの貢献（従業員のチャンピオンになる）
　従業員の声を聴き，従業員のコミットメントと能力を向上させる。

④ トランスフォーメーション（大変革）マネジメント（変革推進者になる）
　変革推進者として，模範を示し，変革のカタリスト（触媒），ファシリテーター（促進者），システムのデザイナー（設計者）の役割を果たすこと。

こうした考え方の背景には，経営環境が激変しグローバル市場での競争優位性獲得競争の高波が襲う中で，人事部門は従来の管理中心の業務だけを行っているのではなく，大変革の推進者として，経営戦略の実現に向けて人と組織を牽引していくファシリテーターになるべきである，というマネジメント全体をとらえた危機感がある。言わば，暴風雨圏内を航行する船が，目的地点まで運行するというミッションを達成し，乗客・クルーの安全を確保するためには，管理部門も率先して難局に立ち向かう決意を固め，総員の士気を鼓舞する役割をも負うべきである，という状況に例えられよう。

また，ウルリッチ（2005）は，1990年代に人材マネジメントの改善に取り組んで成果を上げた例として，ヒューレット・パッカード社（HP）のケースを紹介している。その人材マネジメント具体策とは，①トップマネジメントとの連携と協力の質を向上させる，②ビジネス戦略の達成に貢献し，人材マネジメントの諸プロセスとプログラムを再評価する，③人材および組織全体としての学習能力向上，④人材マネジメント部門内の諸プロセスを見直して効果性を向

上させる，というものであった。そして具体策を実施した結果，次のような成果が上がったとされる。
- ・企業競争力の強化
- ・人材マネジメント部門の生産性向上
- ・グローバル化への効果的対応
- ・イノベーションの促進
- ・人材のクオリティ・オブ・ライフの向上
- ・人材マネジメント部門の提供するサービスの質の向上

　米国企業には，ともすると短期決戦型で成果を上げようとして，レイオフなどの人員削減に走り，必要なときに外部労働市場から人材を調達すればよいとする安易な人事管理を行う企業も多くあった。そうした中で長期的な視点を持って組織全体で学習し，協働によって変革していくべきこと，人材のクオリティ・オブ・ライフを向上させるという成果も得られたＨＰのケースは，戦略的人材マネジメントの成功事例として注目される。

　なお，学習する組織については，センゲ（2004）が，「絶え間なく自己の能力を押し広げ，自らが本当に探し求める人生を創造し続け，組織としても継続的な学習を追求することによって，ラーニング・オーガニゼーションが生まれる」という学習組織論を説いている[14]。

3　21世紀の戦略的人材マネジメント

(1)　戦略的人材マネジメント

　21世紀を迎えて，良い意味でも悪い意味でもグローバル化が一層進み社会的環境も変貌して，企業の組織や人材に対する考え方も大きく変わってきている。グローバル危機後の世界経済は依然不透明であり，企業は生き残りをかけて経営戦略を展開し，人材の育成強化に一層力を入れなければならない。

　繰り返しになるが，企業経営の舵取りをするマネジメント層は，組織と人材のマネジメントを最優先課題として戦略的に取り組むべきであろう。短期的・

ルーティン業務中心の保守的傾向が強かった従来型の管理的側面に加えて，長期的・戦略的側面を重視する戦略的人材マネジメント[15]がますます重要になってきているのである。

(2) 人的資源管理の重要性

　人々の活動を企業の目標達成に結びつけていくために行われるべき経営管理上の機能として，高木他 (2005) は，①計画すること，②組織すること，③指揮すること，④統制することの4つの経営機能を挙げて，企業経営の土台となる人的資源マネジメントの重要性を説いている。そして，企業が大きく変貌する21世紀の経営環境の中で，企業活動の方向性を示す経営戦略との関係性に言及し，人的資源マネジメントの責務として以下の2つの事項と4つの主要機能を挙げている。

　責務1：経営者の目指す経営戦略の実行に向けて組織が動くために，必要な活動が行える能力を持った人的資源が準備されていること

　責務2：企業で働く人々の価値観，目的意識，キャリア上の興味に合致する職務を与えること

　主要機能
　　① 人を導入し組織を構成していく機能
　　② 人を訓練し能力開発していく機能
　　③ 人が活動するよう動機づける機能
　　④ 人が安心して働けるようにする機能

　これは，「人と組織と戦略の関係」を説明する考え方であり，人材を重要な「資源」としてとらえ，それを開発し活性化させていくという人的資源マネジメントの重要性を再認識させるものである (ibid, pp.6-10)。

(3) 人材尊重のマネジメント

　近年米国発の人材マネジメントの流れは，Human Resource ManagementからHuman Capital Managementに移りつつあると言われ，「資源」を意味す

第 2 章　経営戦略と組織

るリソースから，キャピタルという単語が使われて「人財」という漢字があてられる場合もある。こうした背景から，人材尊重のマネジメント，つまり「人材を資源として尊重し，人材の価値を増大させることに貢献する，真に人材を尊重する人材マネジメント・プログラムを実践する」という考え方が拡がりつつある（梅津，2003，pp.44－45）。

以上，環境の変化に適応する戦略的人的資源管理の考え方を中心として述べてきたが，次章では人と組織のマネジメントについて，より掘り下げて論じる。

〔注〕
1) スタンフォード大学ビジネス・スクールの戦略コースで教鞭を執るガース・サローナー等は，戦略的経営（strategic management）を「ビジネスへの全体アプローチ」としてとらえ，「企業は現在の優位性を強化し，新たな競争優位性を築くにつれ，資源を活用する方法を変え，必要な変革を支える組織を作らなくてはならない」と説く（サローナー，2007，pp.2－6）。
2) 低コストで無駄のない製造と高品質生産，素早い製品開発を実現できる経営資源を持ち，海外展開をすることで競争上の優位性を築いているトヨタの経営戦略を，成功例として挙げることができよう。
3) 青木幹喜他（2009，pp.101－103）及び寺本他（2006，pp.34－42）を参照。
4) チャンドラーは，当時のデュポンにおける新戦略にふさわしい組織づくりや，GMの再生戦略のために組まれたアルフレッド・スローンの組織改編，つまり多彩な事業ユニットの寄り合い所帯から，結束力のある事業部の足並みを揃えた統一組織への脱皮等々についての事例を挙げている（チャンドラー，2008）。また彼は，経営戦略の展開エリアを市場浸透戦略，新製品開発戦略，新市場開拓戦略，多角化戦略にパターン化し，新規事業を推進する多角化戦略を採用して組織構造を機能別組織から事業部制組織に変革するプロセスで，"組織は戦略に従う"という命題を検証し，新しい戦略の実行のためには組織能力の向上と不断の組織学習とが必要であると論じた。「チャンドラーが組織構造（制度）を重視していたのに対して，アンゾフは組織風土（文化）を重視していた」と言われる（寺本他，2006）。
5) 彼らは，「経験が企業内に蓄積されるのにつれてコストが低下する関係」を生産量とコストの実証分析から発見し，「経験効果」というものが自動車・半導体・エアコン等，生産財から消費財まで広い範囲で当てはまることを実証した。そして，この経験効果というものが最も顕著に現れるのが，「製品の標準化・生産プロセスの合理化・作業者の習熟・規模の経済などによって生産コスト低減が期待される生産戦略」であると指摘した（石井他,1999，pp.95－96）。
6) ミンツバーグによるSWOT分析とは「組織を取り巻く外部環境に潜む機会（Opp-

第Ⅰ部　経営学における組織と人材開発論

ortunities）や脅威（Threats）を考慮した上で，その組織の強み（Strengths）と弱み（Weaknesses）を評価する」ものである。市場の要請に対応し，リスクを負担できるような自社の現実的あるいは潜在的能力を認識した戦略を策定しなければならない（青木他，2009，pp.106－118）。

7）　ハメルらは，日本企業などが特殊な経営資源を持っているわけではないのに，持続的競争優位を確立していることを説明するために，企業の独自性を生み出す組織能力として「コア・コンピタンス」（中核能力）という概念を紹介した（寺本他，2006）。日本企業を分析した結果，ソニーの小型化技術やホンダのエンジン技術，シャープのディスプレイ技術等のコア・コンピタンスは，組織内の暗黙知的なスキル・ノウハウを全体で共有して知を創造したものであり，企業間の競争優位をもたらす企業の強みになると考えた。

8）　ハメルらは，環境の変化についていけずに滅した恐竜を例えとし，企業も変化に対応できなければ「激変する市場環境の餌食になってしまう」と警告する。また，企業遺伝子と言われるものは，「会社としての戦略の考え方，戦略的行動の選択範囲，利害関係者の優先順位，経営方針の展開手段，理想的な組織形態」等をコントロールし，次第に会社全体に浸透して影響を及ぼし，会社の組織構造そのものになっていくものである，と説いている。（ハメル他，2001，pp.65－73）。

9）　経営理念は単なる精神論ではなく，社員の協働意識を醸成して成長を促す原動力になるものである。その一例として，自動車部品大手のデンソーにおける10年がかりの経営理念浸透活動や，「経営理念の社内での浸透度が高い程，従業員のやる気やパフォーマンスが高い」とする統計的に有意な相関関係を導出した研究グループの調査結果が公表されている（『日経ビジネス』2009年4月20日号，pp.33－35）。

10）　加護野等（1997，pp.216－217）は，日米それぞれ1,000社を対象とした1980年当時の調査結果を踏まえて，「日本企業は有機的環境適応型と分類され，競争優位を生産戦略に求めるオペレーション志向で，経営資源の長期蓄積や人的資源の活性化を図る資源展開を重視して，環境の変化に適応する戦略をとる傾向がある」と分析した。

11）　今日の行動科学の諸理論のまさに草分け的存在であるテーラー（1957）は，1911年に著した"Principles of Scientific Management"邦訳『科学的管理法の原理』の中で，冒頭，労使関係と工場管理について次のように述べた。「管理の主な目的は，使用者の最大繁栄とあわせて従業員の最大繁栄をもたらすことにある」として，労使の利害は一致すること，働く人々の生来の能力の許す限り，最高級の仕事ができるようにすることが大切であると説いている（テーラー，p.227）。テーラーの業績は，ショベル作業や金属削りの機械作業等，工場作業の管理法を中心としたものであり，様々な批判もあったが，その考え方は，企業の人間的側面にも光を当て，今日の行動科学とマネジメント・サイエンス論の先駆けとなる科学的管理法を唱えた点で高く評価される。

12）　バーナード（1979）は，1938年に"The Functions of the Executive"（邦訳『経営者の役割』）を著し，「公式組織における協働行動の包括的理論」を示した。彼は，組織とは「二人以上の人々の意識的に調整された活動や諸力の体系」であると定義し，

第2章 経営戦略と組織

組織の存続のためには，協働意欲，伝達能力，目的の存在と受容が必須になると説いた（バーナード，pp.13-14）。

レスリスバーガー（1965）は，ホーソン実験の報告などで有名な産業社会学者であり，その著書『生産者集団の行動と心理-モチベーション・生産性・満足度』にて，企業組織の中の人間の行動，作業者の生産性と満足度について，詳細な調査結果を踏まえて論じた。この研究は，ハーバード大学経営学部において1951年以来行ってきた人間関係論研究の成果であったと言われる。管理者の視点に立って「管理者自身及び部下のモチベーション，生産性，欲求充足を考慮するためにより有効な方法で，しかも管理者自身の行動の選択に幅を持たせるような方法」を模索するなど，意義のある研究成果を示している（レスリスバーガー，p.348）。

またヴルーム（1987, p.8）は，1964年に"Work and Motivation"を刊行し，組織の中の個人行動について論じた。彼は，人の職業選択，仕事，役割への満足，職務業績とモチベーションについて述べた。そして「組織構成員は，自分の仕事努力が様々な報酬をもたらす可能性の認知（すなわち，期待）ならびにそういった報酬の望ましさの認知（すなわち，結果の有意性）を通じて自己のモティベーション強度を自律調整している」と仮定する期待理論モデルで個人の仕事行動を説明した。重要なポイントは，彼がモチベーション論の前提として「有機体はなぜ活動するのだろうか」という問題意識を持ち，「我々は，中枢神経系による制御，または自発意思による制御のもとに置かれている行動だけを動機づけられた行動とみなす」と述べている点である。このモチベーションについては，第5章で詳しく述べる。

13) ビアー等（1998, p.2）ハーバードビジネススクールの教授陣が，1981年に同校に開設されたHuman Resource Management（HRM）というMBA課程の必修科目用にまとめた人材戦略指導書がもとになっている。

14) センゲ（2004）は，組織というものは，常に学習する個人に支えられて伸びるという「ラーニング・オーガニゼーションの精神」について説いた。そして，個人の学習を育むのに大切な企業哲学を唱えている人物として，京セラの設立者であり会長の稲盛和夫を紹介している（稲盛氏は，人々の能力を引き出すには「潜在意識」「意志力」「世界に尽くしたいという心からの欲求」などを理解することが必要であり，経営者としての義務は，「従業員に，物質的な満足と精神的な幸福の両方を提供すること」であると語っている）。センゲは，自己マスタリー（個人の成長と学習のディシプリン）の高いレベルに達した人たちは，絶え間なく自己の能力を押し広げ，自らが本当に探し求める人生を創造し続けると述べたが，この考え方はマズローの欲求階層説の自己実現をしつつある人々にも共通した生き方である。

15) ミルズ（2007, p.19）によると，人的資源管理の要は，当然のことながら「いかにして組織内で人々を管理するか」であり，人的資源に関する4分野の方針を決定する責任と権限を持つと説いている。
① チームの編成と育成（雇用・研修・昇格・異動）
② チームへのインセンティブ（賞罰・報酬）
③ 公正な待遇（従業員の権利）

第Ⅰ部　経営学における組織と人材開発論

④　ワーク・ライフ・バランス（仕事と家庭）

第3章

人と組織のマネジメント

第1節　人を活かす組織

1　人と組織

(1)　人と組織マネジメントの概念

　企業経営における，人的資源の採用・組織（配置）・活用（動機づけ）・能力開発・教育訓練等の取り組みについて分析し学問的に論じたものが，組織行動論・人的資源管理論・労務管理論・人事管理論などと呼ばれるが，人と組織のマネジメントは，時代の変遷に伴って大きく変化してきた[1]。日本の雇用・経営・社会の環境が変化している中で，人と組織との関係は旧い「会社人間モデル」を前提とした「企業組織の鋳型枠に個人をはめ込む画一集団主義的」なものから，「個人の側の自立性・多様性・社会性に対して企業組織の側が柔軟に適応」し，個人のライフスタイルを支援してモチベーションを高める「社会化した自己実現人モデル」に切り替わってきたと言われる[2]（渡辺，2009，p.38）。

　戦後の日本の復興期と高度成長期に義務教育と高等教育を受け，大学卒業と共に一括採用によって企業に入社し，定年まで仕事優先の生活を余儀なくされた昭和の世代には「会社人間モデル」が多いと言われる。入社と同時に，数日にわたる新入社員缶詰研修を受けて企業理念や企業精神を学び，配属された部や課の先輩に鍛えられて，運命共同体の一員となることを期待された人々であ

第Ⅰ部　経営学における組織と人材開発論

る。第5章で詳しく述べるマズローの欲求階層説からすれば，終身雇用を前提とした人事制度を持つ安定した企業への入社によって，生理的欲求・安全欲求・所属の欲求の満足を得ることができた時代であった。

しかし，1980年代から90年代にかけて，高度成長期から安定的成長期そしてバブル崩壊後の低成長期へと大きく環境が変わり，経営環境の変化による雇用条件の悪化で職場環境も変容した。

そして1990年代は，グローバリゼーションの波が押し寄せ，円高傾向の中で日本から中国など海外市場に工場を移転する企業も増え，産業の空洞化も深刻になった。その後，長期景気低迷による企業収益の悪化からリストラクチャリングが激しくなって伝統的雇用形態が崩れ，この「会社人間モデル」は失意の中で終わりを遂げたと言われる[3]。そしてその代わりに登場したのが，「社会化した自己実現人モデル」と呼ばれるものである[4]。安定した雇用形態が保証されにくくなった組織の中で，個人は自己の価値観の実現という欲求に動機づけられて，自立的に行動するようになってきたのである。

組織行動論の目指すところは，こうした競争や厳しい経営環境といった制約条件の中で，「個々人の生産性と職場生活の質・幸せとのバランスを最大限に追求する」ことであり，「人と組織のマネジメント」の概念は，次のような理論的枠組みの中で説明される[5]。

① 組織のマネジメントは，「経営環境を分析したり，競争戦略を立てたり，組織の内・外部から支援を取り付けたりする仕事」が対象であり，経営学の中では組織論と経営戦略論が代表的科目となる。

② 人のマネジメントは，心理学をベースとした組織行動論や人事・労務管理論が代表的で，「組織の中のリーダーシップや社員のやる気を最大限に引き出し，その人々が企業組織に貢献するにはどうすべきかを考える仕事」が取り組み対象となる。

本書では，このような「人と組織のマネジメント」の考え方を踏襲して，経営学の中の組織論と経営戦略論，及び心理学をベースとした組織行動論との関連性の中で「組織と人材開発」について論じるものである。

(2) 企業は人なり

　組織と人が，企業経営において重要な意味を持つことは疑問の余地はないが，では「組織が人を動かす」のであろうか，「人が組織を動かす」のであろうか。これも「組織は戦略に従う」のか「戦略は組織に従う」のかという議論と同じように，どちらが正しくどちらが誤りということではなく，状況によりいずれも正という判断をするのが適当と考えられる。そもそも，企業が法人としてスタートする設立時点では，企業組織は発起人という人の手によって創られ，産声を上げて活動を始める[6]。「企業は人なり」という言葉があるように，企業経営はまず人ありきで設立され，資本金が払い込まれて組織の活動がスタートする。「経営とは，組織を構成する人々の活動によって企業の目標を達成していくことである」という経営管理論上の概念（高木他，2005，pp.1-2）に謳われているように，組織を構成する人々が企業そのものであると言えよう。

(3) 組織マネジメントの定義

　組織マネジメントについて，2つの解釈を以下に示す。1つは，「組織における意思決定の仕方とその意思決定の結果を組織の中でどう分解して，構成員に分担させ，仕事の進捗をどのように管理するかを含むもの」という解釈（高橋，2006，p.64）であり，もう1つは，「企業その他の組織目的を可能な限りの効率性と正当性をもって達成しようとする協働の管理のこと」（鈴木，2006，pp.10-12）という解釈である。これをまとめると，「組織における意思決定の仕方とその決定事項の実践を効率的に分担し，組織目的達成のために協働する管理」という解釈が導かれ，本書ではこれを組織マネジメントの定義として採用する。

　組織は，一人の能力ではできないこと，一人の持ち時間ではやれないことを，複数の人間の協働によって達成することを可能にして価値を創造する重要な"場"である。この"場"を活性化させることが，人々のやりがいを高める組織マネジメントの中心課題となる。

第Ⅰ部　経営学における組織と人材開発論

(4) 人を活かす組織

　デール・カーネギー協会 (1997) が，1976年に出版した『人を生かす組織』は，アメリカを中心として開催されてきたデール・カーネギー経営セミナーのテキストとして書かれたものであり，「人を生かし，企業を生かす」という経営哲学をもとに経営管理の概念，組織化，リーダーシップ，動機づけ等について分かり易くまとめられている。英語のタイトルが，Managing through people となっているように，事業を成功させるには社員のやる気を引き出して創造力を刺激し，人々の力をもって組織運営をすることであると説いている。「会社を生かすも殺すも社員しだい」であり，「経営するということは，人を生かす経営を行うことである」という考えが基本になっている[7]。

　彼らがまとめた『人を生かす組織』は，テーラー主義の流れを汲む経営管理を中心とした組織・人材マネジメントのテキストとして著されており，「企業成功の要である人事管理こそが，繁栄と衰亡を左右する決め手」であると説いている。1960年代のマネジメント論として幾分"統制色"が強く，目標達成基準となる金額や生産量等の数値を設定して，これを「監視し，統制」する管理責任に重きを置いている点で，現代の人的資源管理の考えと若干異なる部分があるものの[8]，人と組織の活性化を図るマネジメントの書として高く評価されている。その結びの中で，「企業ないしは組織のタイプに関係なく，企業の成否を決めるのは人的資源である。経営者は，この人的資源を大事に教育して，各人が持っている隠れた創造力を引き出し，彼らが会社に最高の利益をもたらすために働くようにする。これは同時に，関係各社員により大きな仕事上の満足を与え，彼らを個人的な成功者にもする。人を生かす経営は，あらゆる経営病に効く万能薬ではない。特定の経営問題に対する答えでさえない。経営者の組織的活動全体にあてはまる全体的な哲学である」とまとめている。これは，21世紀の人と組織のマネジメントに携わる人々にも真摯に伝わるメッセージと言えよう（ibid, pp.352-353）。

(5) カーネギーの経営管理論

　カーネギーによる経営管理とは,「組織が利用できるあらゆる資源を有効に活用して, 予期した通りの成果を上げる能力」と定義され, その利用する基礎資源として5つのMが挙げられている。Money（資金), Material（資材), Machinery（機械設備), Methods（方法), そしてManpower（人的資源）である。カーネギーは, 前の4つのMが奪われたとしてもマンパワーだけ残れば, いくらでもやり直しがきくと言い, 経営管理を示す英語のManagementは, 人材を表わすManという語から始まっているように, 人的資源の管理は企業成功を左右する重要なものであると説いた。さらに, マネジメントの基本的な構成要素を計画化・組織化・指示・調整・統制の5つにまとめ, 以下のように解説している。

① 計　画　化

　　マネジメントを考える場合には, 何よりもまず会社または組織体の最終目標というものを計画の立案と実施の段階で明確にして, 意志決定を下すことである。

② 組　織　化

　　次にその計画を実施できるような形に会社を組織化しなければならない。会社の規模, 仕事の量, 地理的拡散, 製品やサービスの多様化など, しっかりした組織構造が必要になる。

③ 指　　　示

　　部下に仕事を命じたり, 部下が最高の能力を発揮できるように動機づけを行ったりする際には, 首尾一貫していること。よいコミュニケーションを保てることが重要になる。

④ 調　　　整

　　多数の組織単位が活動する組織においては, 組織のいろいろな所で発生する問題を調整する機能が重要になる。

⑤ 統　　　制

　　予算, 販売報告, 生産記録, 会計記録など目標達成基準を設定して, 計

画したことが確実に実行され、目標が達成できるように統制すること。

カーネギーは、「事業に成功する鍵は、部下にじかに接触している管理者が握っている。指導力と動機づけについては行動科学から学ぶところが多いので、これらの諸原則を認識し、それを仕事に応用する管理者が有能な管理者である」と述べている。経営資源の中でも特に重要なのが人的資源である、とするカーネギーの経営管理論は、「人を活かす組織」の骨格をなすものと言えよう。

2 デミングの組織論

武田 (2002, p.151) は、20世紀の組織論を「眼に見える目的、組織構造、資本金といった物質的(機械的)組織論」から、「眼に見えないリーダーシップ、フォロワーシップ、あるいは組織文化を重視した精神的（確率的）組織論」へ移行したと述べている。特に後者を「ゲノタイプ（遺伝子型）」の組織論と呼び、組織の競争力、生産性といったものはこの精神的組織論にもとづく、とする分析視点は興味深い[9]。

デミングの組織論において、組織は「目的を達成するために協力して働き、相互に依存しあう複数の独立した構成要素のネットワーク」と定義されているが、この解釈には、日本企業組織の試行錯誤から学んだ経験則も多分に含まれているとみられる (ibid, p.190)。デミングが日本で統計的手法や品質管理について教えた伝道期間は、戦後の1950年からの3年間であったが、それを契機に日本企業は品質の重要性を認識し、「理論上で不備な部分を見出せば、今度はトライ・アンド・エラーの中から自分たちで答を探索し、不備な部分を埋めていくようになった」と言われる。こうした試行錯誤から学んだことが組織の中で蓄積され、企業組織の体質を強化して短期間でグローバル市場での競争優位性を築くもとになったと考えられる。

また、デミングが「組織においては部分最適ではなく、全体最適が重要であり、セクションの間で相互依存的な関係が保てる構造にすることで人々のエン

パワーメントが進むシステムになっていなければならない。(中略) あらかじめ現場に権限を委ねておけば (empower)，ことにあたって俊敏に決断でき，臨機応変に機敏な対応ができたことから，(これが) 組織にとって大きな成果をもたらした」と述べている点は，日本的経営に反映されたデミングの組織論の中核をなすものとして注目したい。

武田 (2002) は，こうしたデミングの組織論をベースとして，「生まれたままの感性を大事にすることだけでは不充分であり，心を鍛え，自己中心的な生き方を超越して共存を図り相互関係を重視する組織が，22世紀になっても作られていくだろう」という考えを示している[10]。

3　組織的知識創造

(1)　知識創造企業

「組織の理念や目的」について，組織メンバーは共通認識を持っていることが必要であり，人々がエンパワーされて創造性を発揮し，その付加価値が蓄積されて組織的に受け継がれていくことで，組織能力が強化される。野中他(2001)は，日本企業における「組織的知識創造」は，企業組織内に蓄積された体験や試行錯誤，並びにアイデアを生み出す思考や他者からの学習等によってもたらされ，こうした「組織的知識創造」の技能・技術によって日本企業は成功してきた，と説く。組織的知識創造とは，「新しい知識を創り出し，組織全体に広め，製品やサービスあるいは業務システムに具体化する組織全体の能力のこと」であり，日本企業成功の根本要因と言われるものが組織の最も基本的で普遍的な要素とされる人間知である，と述べている。

この知識創造企業の組織能力を構成する人間知と組織知について，今少し掘り下げてみたい。

(2)　人間知と組織知

野中他 (2001) は，企業組織は単に知識を「処理する」だけではなく，知識

を「創造する」ものであるという発想から,「企業による組織的知識創造が日本企業の国際競争力の最も重要な源泉である」と確信し,人間知と組織知に関する研究結果を以下のようにまとめた。

「形式知 (explicit knowledge)」とは,技術仕様やマニュアル等に見られる形式言語によって表わすことができ,形式化が可能で容易に伝達できる知識である。一方,形式言語で言い表わすことが難しい「暗黙知 (tacit knowledge)」と呼ばれる知識は,「人間一人ひとりの体験に根ざす個人的な知識であり,信念,ものの見方,価値システムといった無形の要素を含んでいる」ものである。暗黙知は,諸外国の人には理解し難い部分ではあるが,日本企業の競争力の重要な源泉で形式知と暗然知の概念は次のように分類される。

　　形式知:客観的な知(組織知)　理性知(精神)　過去の知　デジタルな知(理論)
　　暗黙知:主観的な知(個人知)　経験知(身体)　同時的な知　アナログ的な知(実務)

彼らは,この2つの知の相互作用という「ダイナミクス」が,「企業による知識創造の鍵」であり,組織的知識創造とは「そのような相互作用が繰り返し起こるスパイラル・プロセスなのである」と説く。

また,個人と組織は知識を通して相互に作用し合うものであり,知識創造は,個人,グループ,組織の3つのレベルで起こると考えられている。組織的知識創造の議論は,知識の相互作用の様式と知識創造のレベルの2つの大きな部分から成っており,暗黙知と形式知,個人と組織の2種類の相互作用は,①暗黙知から形式知へ,②形式知から形式知へ,③形式知から暗黙知へ,④暗黙知から暗黙知へ,という知識変換の4つの大きなプロセスを生み出して「組織の知」を創出するというものである。

そして,組織的知識創造が「日本型イノベーションの鍵であり,日本企業がイノベーションを絶え間なく,漸進的,スパイラルに生み出すのを得意としている背景には,組織的知識創造の能力がある」と結論付けている点は,鋭い分析にもとづく知見として評価される(野中他,2001,p.1)。

(3) 組織の役割

　また，組織的知識創造プロセスにおける組織の役割について，野中他（ibid, pp.109-122）は，個人が知識を創造・蓄積してグループが活動しやすいような適正なコンテキストを提供し，知識スパイラルを促進するために，組織レベルで必要となる5つの要件を挙げている。組織の役割について興味深い分析を行っているので，以下に引用したい。

① 意　　図

　　知識スパイラルを動かすのは，「目標への思い」という組織の意図（intention）である。企業経営においては戦略であり，知識の獲得，創造，蓄積，利用のための組織的能力を開発することである。

② 自　律　性

　　自律性（autonomy）によって，個人が新しい知識を創造するために自分を動機づけることが容易になる。

③ ゆらぎと創造的なカオス

　　組織と外部環境との相互作用を刺激する，ゆらぎと創造的なカオスが要件となる。

④ 冗長性有効

　　企業においては，組織全体やそのさまざまな活動や職務に関した情報を，意図的に社員に重複共有させることである。情報を重複共有する組織に組み込まれた，意図的な情報冗長性（redundancy）が要件となる。

⑤ 最小有効多様性

　　複雑多様な環境からの挑戦に対応するには，組織は同じ程度の多様性をその内部に持っていなければならず，最小有効多様性を持っている組織のメンバーは，数多くの事態に対処できるとされる。

　グローバル社会の大きな変換期にあって，従来以上にイノベーションに対する期待が高まっているが，現在の日本政府や企業は，前述のような組織的知識創造能力という考え方を再度見直し，競争優位性を再構築する必要がある。一

企業組織にとどまらず，産業内や組織間も知識創造の場であり，顧客や競争相手及び政府との社会的相互作用によって，「知」が創造されることが期待される（野中他, 2001）。

第2節　人材マネジメント

1　人材マネジメントの目的

人材マネジメントは，「経営資源の中でも特に重要な，人という資源のマネジメントのことであり，企業のマネジメントの根幹をなすもの」である（杉山, 2007, pp.15-16）。そもそも組織は，多様な感情や能力を持つ人々の集合であり，その多様な才能や個性をうまく組み合わせてその持てる能力を充分に発揮させ，組織の向かう方向に力を合わせて長期的・継続的に運営されるような仕組みを作ることが，人材マネジメントの目的である。

人材マネジメントを構成する項目は，採用や配置，評価や報酬等になるが，本書では，いかに人の意欲を高め成果に結びつけるのか，という視点から，特にモチベーションを高める人材マネジメントについて論じる。

2　人 本 主 義

前述のように，日本では「企業は人なり」という言葉に象徴されるように，人こそが経営の源であり，「会社は働く人々のもの」という考え方が一般的であった。伊丹（1992）は，戦後の日本企業社会には，先進国の資本主義的なものとは異なった"人本主義の企業"という概念があるという考えを示した。人本主義とは「資本主義に対照するもの」であり，「ヒトが経済活動のもっとも本源的かつ稀少な資源として経済組織の編成を考え，ヒトとヒトのつながり方にシステムの原理を求める考え方」である（伊丹, 1992）。

1980年代後半のバブル崩壊前，グローバリゼーションが本格化する前の日本

企業には，企業戦略のあり方や人と組織の管理のあり方を示すビジョンが失われているという指摘が多くあった。アメリカ型の「会社は株主のもの」という株主偏重に過ぎた資本主義が，2008年をピークとするグローバル危機の原因であったとする見方も強い中で，従業員を主権としてヒトの和・組織の調和を尊重する人本主義の考え方は，示唆に富んでいる。

また，人間は本質的に欲張りで自分の自律性を主張したいという気持ちと，優しく周りの人々と協調して一体感を持って考え，行動したいという気持ちも併せ持っているとみられる。企業とは「人間として最も本質的な活動を行う場」であるととらえる伊丹の分析視点は，後述する「人の意欲と行動」につながる考え方として参考にしたい。

3　成 果 主 義

(1) 行き過ぎた成果主義

経営戦略と人材マネジメントの関係について，これからの賃金制度のあり方に関する研究会（2001）は，「21世紀に向けて，日本の人事は組織風土を加点主義に切り替えながら，昇格は能力主義，昇給は能力主義と成果主義の調和という方向で人材戦略を展開していくこととなる」と予測していた。しかし，成果主義に関しては，上場企業の8割以上が何らかの形で導入したものの，結果的には「失敗であった」とする会社が多い[11]。

バブル崩壊後の「失われた十数年」を乗り切るために，多くの日本企業が成果主義の人事評価を取り入れたが，拙速な改革はきしみを生み，この数年は揺り戻しが起きている。その顕著な例が，三井物産の成果主義の「撤回」である。三井物産は，1999年に「稼ぐ社員がいい社員」という成果至上主義型の人事制度を導入したが，すぐに副作用が顕在化し「業務知識や人脈を他人に教えると損と言い出す人もいて，職場の雰囲気が途端にギスギスし始めた」と言う。「人の三井」の強みは急速に失われ，2つの不祥事件が発生したことへの反省もあり，2006年4月に成果主義を廃してチームワークなどの定性的な評価を軸

にする新制度に切り替えた，と報じられている[12]。

(2) 成果主義の見直し

　成果主義を推進あるいは一部修正して会社の業績を伸ばしている企業もあるが，行き過ぎた成果主義に対する社員の反発には根強いものがある[13]。企業が社員の声に耳を傾けようとする背景には，成果主義のマイナス面を修正する狙いがあるとされる。村田製作所では，1991年に所属部門や個人の業績に応じて給与や賞与が決まる成果主義の報酬制度を導入したが，「部下を育てない上司，隣で仕事をする同僚を助けない社員が目につく，など社内に個人主義が広がり始めた」という弊害が出てきたということである。

　社会経済生産性本部が，上場企業を対象に実施した2005－2006年の調査では，回答した企業の約9割が成果主義を導入済みであったとされる。しかし，「欧米企業に倣って性急に成果主義を取り入れた結果，チームで仕事をする日本企業の強みが薄れ，それが多発する企業不祥事の背景にあるのではないか，とみられる。ＥＳ調査を実施する企業が目立つのは，行き過ぎた成果主義を是正する意味もある」という指摘が示すとおり，行き過ぎた成果主義を見直す動きが急である。

第3節　多様な組織・人材マネジメント

　これまで述べてきたように，企業は外的環境の変化に適応しその競争優位性を確保するために，最適な組織と人材のマネジメントを行わねばならないが，人々の仕事や組織に対する考え方は環境の変化に伴って常に変化しており，人のやる気と働きがいを向上させる多様な組織・人材マネジメントの試みがなされている。

1 ライフキャリア・プラン

人々の生活が比較的豊かになり、その価値観・職業意識・ライフスタイルの多様化とともに、個人の自立性（自律性）が重視され、「意欲と能力」「自由と自己責任」が問われるようになった。各自が「職業意識を確立してライフプランやキャリアプランを明確にし、自己啓発・自助努力によって広く社会的に通用する職業能力を習得すること」が求められるようになってきたのである（渡辺, 2000, pp.21-22）。

こうした時代の中で、自分の価値観や職業意識にもとづいて自分の欲求や動機を確認し、自分の意欲と能力を活かした働き方や生き方を計画的に自立的に追求しようとする人々を受け入れ、エンパワーメントを引き出す企業の仕組みづくりが求められている。多くの大企業において、社員の自立性・自主性を前提として、「働きやすさ」と「生きがい」を提供する管理システムがデザインされ導入されるようになった[14]。会社が社員の多様なライフスタイル、ライフキャリア・プラン、多様な職業意識や価値観、多様な「意欲と能力」などに合わせ、社員に「働きやすさ」と「生きがい」を提供するようになったのである。

社員のモラールアップを図り、能力開発とライフキャリア・プランの確立を支援する取組みの一つが、キャリア・ディベロップメント・プログラム（CDP）と呼ばれるものである（詳しくは、第4章で説明する）。個々人の価値観や自己実現欲求を尊重し、ライフキャリア・プランを支援する体制を構築することが、企業組織を支える有能な人的資源を集め、社員の定着化・活性化につながり、結果として企業組織の目標達成を確実にするという戦略的判断がその背景にある。組織の一員として仕事を通じて会社の発展に貢献し、個人としての自己実現欲求を追求して広く社会に貢献するという、ライフキャリア・プランを立てて実践していこうとする、意欲的な人々を支援する戦略的取り組みが期待されているのである。

第Ⅰ部　経営学における組織と人材開発論

2　個を活かす企業

これまで述べてきたように，人と組織のマネジメントは，「組織の中の個」から「個を活かす組織」へシフトしており，個を活かす企業が組織成果を上げていることが分かってきた。バートレット他（2007）は，グローバルベースの競争が企業戦略と組織構造に与えるインパクトについての研究を行い，企業形態，組織モデル及びマネジメントの役割の変革，その根底の個人と企業を結ぶマネジメント契約の変化に注目した結果を発表した。彼らは，起業家精神にあふれた企業の事業環境を調べ，個を活かす組織に共通する特徴を以下のようにまとめている。

①　個人の自発性を引き出すために，自分が関与していることについて，「当事者意識を持つ」ように仕向けている

②　自分が当事者意識を持っているという自覚に加えて，上から課せられる管理とは異なる強い自己規律が必要である

③　マネジメントは部下の疑問に答え，失敗を許容するような支援的文化を作って個人を尊重していることを示し，その真のエンパワーメントを引き出している

彼らは現代企業の歴史を振り返り，社員が以前ほど会社に対して一体感，帰属意識，当事者意識を持っていないことに気付き，企業が権限委譲を強力に推し進めて採用した事業部制が，徐々に企業の活力を減退させたと分析した。それは，「上位のマネジャーが創造力豊かな現場のマネジャーたちの考えにフィルターをかけ，評論し解釈することで，現場のマネジャーたちはその議論や評価のプロセスから疎外され，ついには欲求不満が無関心へと変化していった」ことに因るものであり，それが一体感，帰属意識，当事者意識を失わせたと指摘している[15]。

そして結論として，「個を活かす企業は，価値を搾取するのではなく，継続的な個人の学習によって価値を生み出すことを考える。そして，個人の学習を単なる企業目標達成の手段ではなく，企業目的そのものとするのである。個を

活かす企業は，個人の自発性と専門性を発揮させるだけではなく，組織の中に分散している自発性を結合させ,分散したノウハウを活用しなければならない」と説いている（ibid, 2007, pp.98-99）。このように，組織学習と行動の継続的なプロセスを企業組織に根付かせることが，「企業は単なる個人の集合体以上の存在である」というゴーイングコンサーンとしての重要課題であると言えよう。

また彼らは，花王等個を活かす企業の哲学を示して「共通のゴールや価値観を目指して集団で働くことを奨励し，最終的にはこの理念を信奉する企業が，市場型思考の企業とは違って，コラボレーションの精神を通じてイノベーションを生み出せる」ことを紹介している。

そして，最後に「個を活かす企業の基礎となる組織とマネジメントの新しい哲学は，自己実現性を特徴としている」ことや，「統合プロセスは協働を実現できる環境を前提とし，そのような環境を形成する」と述べている。この点は，本書のテーマの背景となる問題意識と共通する部分が多く，重要なポイントとして強調したい（ibid, 2007, pp.333-349）。

3　ワーク・ライフ・バランス（WLB）

(1)　ワーク・ライフ・バランスの概念

前節では，個を活かす企業は個人の自己実現に向けての学習意欲を尊重し，組織として共通の価値観を持って協働することによって，価値創造による社会への貢献を果たしていくという説について述べた。また企業経営者は，資本主義体制の中で長い間集団組織の利益追求型の合目的オペレーションを行ってきたが，現在は，個人の側の自立性・多様性・社会性を尊重し，個人のライフスタイルを支援してモチベーションを高める，「自己実現人モデル」が一般的になろうとしていることについても前述した。

では企業は，人は，個を活かして生産性も上げるために，具体的にどのようなアクションを取らなければならないのであろうか。「仕事での成果を上げるために，働き方の柔軟性を追求」し，優秀な人材の確保や社員のモチベーショ

ンの向上,労働生産性の改善,企業体質やイメージの向上等,経営全般のメリットがある方法として注目されてきたのが,ワーク・ライフ・バランスという考え方である[16]。

渡辺（2009）は,「ワーク・ライフ・バランスとは,企業組織の側が,個人の側の職業生活・家庭生活・社会生活・自分生活における欲求充足・自己実現を追求しつつ生活意欲・協働意欲を刺激・確保し,そのことを通じて企業組織の目的達成への個人貢献を確保・獲得する人材マネジメントである」と定義している。この理解は,現代経営学の基本的パラダイムである「企業組織の目的達成」と「個人の欲求充足」とを同時に実現するものであり,本書においてもこの定義を採る。

彼は,現代の企業社会における個々人は,職業・家庭・社会・自分という4つの生活の並立と充実に動機づけられる「社会化した自己実現人」としてとらえ,組織の側も,4つの生活における自己実現を求める人々を動機づける「社会化した人材マネジメント」で対応しなければならないと説く。企業側として,こうした対応をしなければならない背景には,「個人の側の勤労意欲・組織貢献が確保できなければ,企業組織の存続・発展ができない」という事情があり,これも広義の環境適応的な経営戦略と言えよう。

(2) ワーク・ライフ・バランスの戦略性

2007年12月に政府は,「仕事と生活の調和（ワーク・ライフ・バランス）憲章」と行動指針を取りまとめ,政府・産業界も企業におけるワーク・ライフ・バランスの取り組みを後押しし始めた。内閣府のホームページに公表された憲章の「明日への投資」の項では,「仕事と生活の調和の実現は,人口減少時代において,企業の活力や競争力の源泉である有能な人材の確保・育成・定着の可能性を高め」,業務の見直し等により生産性向上につなげることも可能であり,企業のコストとしてではなく,「明日への投資」として積極的にとらえるべきであると説いている。このワーク・ライフ・バランスを,企業組織内の制度として定着させようとする行政サイドの働きかけも力が入っている[17]。

このような社会的背景の中でとらえるワーク・ライフ・バランスは，企業にとっては組織維持拡大のための重要戦略と位置付けられ，個人にとっては，自らの能力を高めて自己実現を図ることで創造性とやりがいを向上させることができ，さらには，企業の枠組みを越えて社会に貢献する人材を育成していく，という国家戦略とも呼べる考え方であると言えよう。

(3) ワーク・ライフ・バランスのメリット

佐藤他（2008, pp.6－7）は，ワーク・ライフ・バランスはあくまで「個人の視点に立った考え方である」ととらえながらも，企業としてワーク・ライフ・バランス支援に取り組むメリットがそのコストを上回る，という事例を示して，企業の取り組みを促す必要性を説いている。その上で，企業として取り組む意義について，東芝（電気機械製造業　従業員数約3万人）を成功事例として挙げ，ライフ＆キャリア室長の談話を紹介している。それによると，ワーク・ライフ・バランスは「個人が社外で教育を受けるなど自己研鑽し，ワークとライフのバランスをとることで自らを高めていくということが，企業にとっても業績が上がり，パフォーマンスの向上につながっていくという考え方」である。企業側においても，「従業員をつなぎとめることができるので，優秀な人材が確保でき，離職率が低下するので採用や教育にかかる費用が減るというメリットもある。また，従業員が満足して一生懸命働くようになれば，結果として業績アップにつながり会社のためになる」という評価である。企業として取り組む意義とメリットが明確にされ，人を活かす企業が成功する理由がどこにあるのかを示している事例として注目される[18]。

このように，ワーク・ライフ・バランスは従業員のモチベーションを高め，仕事に対する意欲や社会への貢献を通じて満足感を高めていくというメリットをもたらすことから，長期的な視点に立った人材開発戦略とも言え，本制度の今後の拡がりが期待される[19]。

4 ダイバーシティ・マネジメント

(1) 多様性への対応

　グローバル化の波は，良きにつけ悪しきにつけ大きなうねりとなって瞬時のうちに日本にも押し寄せ，政治・経済・文化に大きな影響を与えるようになった。グローバリゼーション・ＩＴ（Information Technology）変革・規制緩和が，大きな潮流の変化を引き起こし，多様な人々の価値観が交錯して新たな価値が創発される機会が増えてきた。「範囲の経済」と「規模の経済」によって，異なった市場で多様な顧客に多様な社員が対応して組織が学習した事柄が，他の市場でも適用し応用が可能になることから，多様化に対応するダイバーシティ・マネジメントの重要性が年々増している。また，少子高齢化する日本では，エイジ・ダイバーシティ（年齢格差）の考え方や，女性や外国人労働者，正規・不正規雇用者との多様な関係を考えた，より柔軟な対応を図るダイバーシティ・マネジメントの導入が期待されている（谷口, 2005）。

(2) ダイバーシティとパフォーマンス

　雇用機会均等法委員会によるダイバーシティの定義は，「ジェンダー，人種，民族，年齢における違いのこと」である（ibid, p.41）。そもそも，多様性のマネジメントが注目されるようになったのは，1980年代後半の米国において，米国企業にとって戦略的なパラダイムチェンジが必要になり，「製品の多様性を進めていくことと，市場の多様性への対処を克服するものとして，労働力の多様性がその鍵を握っている」とする考え方が拡がってきたことが背景にある（ibid, pp.49-55）。つまり，「市場が多様化し，多様なニーズが生まれると，多様な商品を必要とし，それに合わせた技術開発が求められるようになる。それまでとは異なる技術が必要になると，従来とは違う能力が評価され労働力も多様化する」ということである。

　谷口（2005）は，「イノベーティブな製品開発，戦略やトップマネジメントの意思決定など，複雑性の高いタスクほどダイバーシティはプラスに働く」とい

第3章 人と組織のマネジメント

う分析結果を示し,ダイバーシティとパフォーマンス[20]との関係について次のように説明している。ダイバーシティ・マネジメントによってパフォーマンスを向上させている企業は,いずれも組織のトップがダイバーシティに取り組む意思を明確に表明し,トップがコミットメントを示しているという共通点があると言われる(ibid, p.412)。

ダイバーシティによってパフォーマンスが高まるように意図的に組織的介入を行うフローは,下図で示される通りである。ダイバーシティがパフォーマンスに結び付くためには,①メンバー,②リーダー,③組織が一体となって取り組む体制が必要とされる。

図表3－1　ダイバーシティとパフォーマンスとの関係

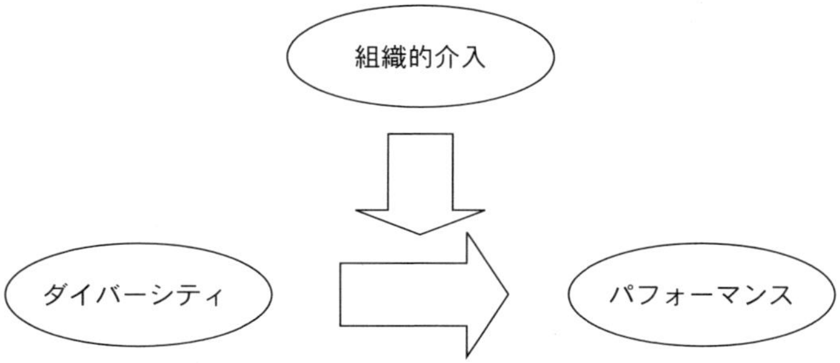

出所：(谷口, 2005) 図表2－3, P51一部改変。

また,既存研究から得られるダイバーシティのメリットとデメリットの主なるものを整理すると次のようになる。

＜ダイバーシティのメリット＞

①　考えうる選択肢と視点の数の増加
②　エラーを見つけ,重要な情報を見出す機会の増加
③　適切な解決が提案される可能性を増やす
④　イノベーションの増加
⑤　さまざまな外部のネットワーク,外部者に接触し,情報のアクセスを増やす
⑥　専門的な分業の可能性

⑦　創造的で個性があり，より高い質の解決を見つける可能性の増加

⑧　新規市場における売上やシェアの拡大

＜ダイバーシティのデメリット＞

①　高い離職率

②　個人の不満足

③　互いに仕事をするうえでの学習の難しさ，問題解決の困難さ

④　集団をまとめたり合意に達することへの難しさ

⑤　集団の統合や結束を減らす

⑥　コミットメント・組織への愛着を減らす

　以上のように，ダイバーシティ・マネジメントにはメリットも多い一方で，高離職率や個人の不満足等のデメリットもあることから，導入に際しては慎重に検討がなされるべきである。トップが強いリーダーシップを発揮して組織的に動くこと，そして，組織のボトムからの多様な意見を吸い上げる活きたシステムを持つことが，ダイバーシティ・マネジメントの成功とパフォーマンスの向上につながると言えよう。

〔注〕
1）　人材マネジメントは，「1960年代半ば以降に，アメリカの組織行動論や行動科学の紹介とともに，広く企業経営に導入され，(中略) 職務充実・職務拡大・職務交換，目標管理（ＭＢＯ），各種経営参加制度，ＱＣ活動，そして近年にはキャリア開発支援など」の人事関連プログラムとして紹介されてきた（渡辺，2009，pp.48−49）。
2）　渡辺（2000，p.218）によると，自己実現人モデルとは「人間は，自己の価値観の実現や成長欲求・自己実現欲求などの欲求に動機づけられて意思決定し，価値観の実現や欲求充足のための行動をするものだという人間仮説」のことである。会社側からみた場合は，個々人の多様な価値観や欲求を尊重し，自主性や自発性を認めることが，組織の目標達成につながるとする考え方である。
3）　通商白書（経済産業省2006年版）によれば，2004年時点の海外法人数は12,000社を超え，その数は1981年に比べて6倍に増え，海外法人が雇用した外国人従業員は，2006年の経済産業省調査結果では435万人と言われる（宮川，2008，p.41）。また「日本の統計」（総務省統計局，2009，p.218）によれば，職業部就業者数の最も大きな受け皿である「製造・製作・機械運転及び建設作業者」は，1990年に1,702万人であっ

第3章　人と組織のマネジメント

　たものが，2004年には1,416万人まで減っている。14年で286万人の雇用が他の職種や海外労働市場にシフトしたことも，日本の雇用環境を大きく変えた一因である。
4）「社会人化した自己実現モデル」では，「組織のなかの個人は，職業生活・家庭生活・社会生活・自分生活という4つの生活の並立・充実（4Lの充実）に動機づけられて意思決定し，自立的に行動する」という概念でとらえられている（渡辺，2009）。
5）　鈴木（2006, pp.72－77）を参照。
6）　筆者自身も起業して事業目的を達成するための組織を創り，代表取締役という職務に就いて戦略を練り，経営に携わってきた経験を有することから，「人が組織を創り，組織を動かす」という事実認識を持つものである。また，20歳代前半から50歳代前半まで30年余りのサラリーマンとしての経験では，大組織の一員として入社し，組織のルールである就業規則を守り，組織文化に慣れ，配属先の組織の末端で与えられた役割をこなすことで，組織に貢献することを教えられた。そして組織の持つヒエラルキーの上位者からの業務命令によって動かされ，また，組織の必要性からアフリカ（ナイジェリア）駐在として異動を強いられるという「組織が人を動かす」事実も経験している。
7）　デール・カーネギー（1997）は，1912年から1955年に亡くなるまで，人々の生き方についての研究を行い『人を動かす』や『道は開ける』という人々を導く本を著した。その志を継いだD.カーネギー協会では，これまで50か国200万人以上の人々が学んできたと言われる。
8）　成果中心の組織構造を作るために，成果中心の職務記述書を作るべきとする成果主義を重視した。「従業員が成果中心に考えるようにならなければ，従業員の仕事は苦しくなるばかりでなく，その目的や意義まで失われてしまう」とする考えは，成果主義に対する反発が大きい現在とは異なった時代背景の中で提唱された管理論である（デール・カーネギー協会，1997, pp.136－137）。
9）　武田（2002, pp.142－145）は，禅者鈴木大拙の知に関する考えを引用して，西洋の知は「きちんと物を分けて知ろうとする分割的知性」であり，東洋の知は「出来事を曖昧なままで理解しようとする根本知」であると紹介している。そして，ポストモダンと言われる現代は，近代分割知を超える関係知（鈴木の唱える無分別知，ヘーゲル等が用いた絶対知と同意の，主観と客観とが対立しない相互関係を重視する最高の知）が必要とされる時代であると説いた。
10）　デミングが依拠したシューハートの理論「仮説を立て，実験を行い，その仮説を試すという，知識を獲得するプロセス」は，「知識の獲得と蓄積がずっと速くなり，バラツキを最小にできる」ことを紹介している（武田，2002, p.286）。
11）『日経ビジネス』の「成果主義に関するアンケート」調査（2009年4月に3万人を無作為抽出して回答を求め，1,173件の有効回答を得た）では，「会社が導入した成果主義は失敗だった」とする回答が68.5％で，「成功だった」とする回答は31％にとどまった。また，「成果主義導入後，仕事に対する意欲は向上していない」とする回答36.3％に対し，「向上した」と答えたのは16.1％にとどまった（『日経ビジネス』，2009年5月11日号「成果主義の逆襲」pp.22－23）。

第Ⅰ部　経営学における組織と人材開発論

12) 日経新聞（2008年5月26日付朝刊）を参照。また，日本型経営からの脱却を目指す企業の先頭を切って成果主義の人事制度を導入した富士通では，人事評価が最高ランクの社員にとっては，頑張るほど仕事が増え，孤立した社員に過剰な仕事が降りかかる結果になったと報告されている（日経新聞　2007年10月18日付朝刊）。
13) 意思疎通の悪化など成果主義のマイナス面を修正し，顧客満足度（ＣＳ）の改善にもつなげる狙いをもって，職場環境などに対する社員の意識調査を実施する企業が増えていることが報道されている（日経新聞　2007年2月5日付朝刊）。
14) 例えば，「職種別採用，複線型雇用管理，コース別雇用管理，選択定年制度，地域限定社員制度，社内公募制，キャリアコース選択性，目標による管理，自己評価制度，キャリア形成支援制度，自己啓発支援制度，公的資格取得支援制度，カフェテリアプラン，ボランタリー休暇制度，リフレッシュ休暇制度，フレックスタイム制度，裁量労働制度」などが挙げられる（渡辺，2000）。
15) こうした反省に立って，ＡＢＢをはじめとする多くの企業は，人々を再活性化させようとして再び人間に関心を向け始め，社員に当事者意識を持たせるために「事業部」を基本とする組織哲学を考え直し，代わりに「各人の影響力が目に見えるような，より小規模なユニットに置き換えていく」べきことを提案した（バートレット他，2007）。
16) ワーク・ライフ・バランスについて小室（2007，pp.17−19）は，「仕事と生活との調和を図り，相互によい影響を与え合うようにすること」であり，「ファミリー，フレンドリー（仕事と育児をはじめとした家庭の両立支援が整っていること）と男女均等推進（男女が同等に活躍できる組織風土が整っていること）に働き方の見直しを加えた，企業の経営戦略」であるとの概念規定をしている。
17) 平成18年6月に厚生労働省から発表された両立支援と企業業績に関する研究会報告によると，両立支援と企業業績に関する調査を実施した結果，「企業にとっても，労働者の職業生活と家庭生活との両立やワーク・ライフ・バランスの支援を行うことは，優秀な人材の確保，定着等のメリットをもたらすプラス効果がある」ことが判明したということである。
18) 佐藤他（2008，pp.101−102）によると，人事戦略とモチベーションについてのアンケート調査結果，人事戦略重視かつ両立支援策において高得点を上げている企業では，社員の満足度が高いことが分かったと報告されている。人々の価値観が多様化する中で，ワーク・ライフ・バランスの一端を担う両立支援策が，女性のみならず男性社員の満足度の向上にも大きな効果をもたらしていることが明らかになった。
19) 伊藤忠商事では，ワーク・ライフ・バランスは，「多様な価値観を持った社員が多様な働き方を行うために必要なプラットフォームであり，経営戦略」と位置付けられている。経営環境の変化の中で，「いままで以上に利益を上げていくこと，新規ビジネスを創造し続けることが求められており，そのためには多様な人材が，やる気・やりがいを持って，いかんなく能力を発揮してもらうことが重要」との危機感が強調されている。また，「時代の流れが量から質へと変化しており，意識的に広い視野や人脈・発想力などのインプットの時間を持つことで，質の高いアウトプット・付加価値

第3章　人と組織のマネジメント

を会社・社会へ提供する役割をさらに果たすことができるのではないか」との考えは，社員の自己実現の支援を行いながらも，そのフィードバックに期待するという企業側の思いが反映されている（出所：伊藤忠商事社内報ITOCHU MONTHLY, April 2008）。

20) ここでいうパフォーマンスは，「売上高，業績，利益，株価やＲＯＥなどの財務データによる財務的基準と，従業員のモチベーション，職務満足度，勤続年数，離職率，コミットメントなど非財務的基準」とを意味する（谷口，2005）。

第4章

組織能力と人材開発

本章では第Ⅰ部の締めくくりとして,組織としての能力と人材の開発について,事例を挙げながら解説する。まず,組織特性としての組織文化や組織能力について学び,次に経営の最重要課題の一つである人的資源の育成と開発について,有力企業の人材育成策の事例を示しながら述べる。

第1節　組織能力と組織文化

1　組織能力の概念

組織能力とは,「組織内の人材によって共有されているコンピテンシーの総体」と定義される[1]。組織を人体に例えれば,組織能力とは頭脳に該当する重要なものであり,組織はこの組織能力を活用して,マーケティングや戦略遂行能力,技術や財務等の能力を発揮することができるのである。梅津(2003)は,人がそれぞれ独自のコンピテンシーを備えているのと同様に,企業や組織にも固有の能力(コア・コンピテンシー)が備わっており,組織能力とは,「重要顧客ニーズに鋭敏に応え,市場の変化や環境変化に対応し,人材の創造性を刺激し,組織の生産性と効果性を向上させるような能力」であると説いている。このように組織能力は,意思決定能力や戦略遂行能力を含むものであり,企業風土や経営者そしてその構成メンバーの能力と密接に関係していると考えられている。

こうした組織能力活用による戦略遂行等の能力発揮の関係について,ウル

リッチ (2005) は次のように説明している。組織能力の活用は顧客対応・サービスの向上という成果に反映し、戦略的／マーケティング能力とのつながりでは新製品や新サービスへの成果に、経済的／財務的能力とのつながりでは安価な製品提供に、そして技術能力とのつながりではイノベーションに、成果が反映するというものである。

このように、組織全体の能力を高めるためには「長い時間と努力、そしてシステマティックなアプローチ」が要求されるが、日本企業には創業以来組織能力の向上を図ってきた有力企業が多い。その代表的な事例として、トヨタの組織能力について以下に述べる。

2　組織能力の実際

(1)　トヨタにおける組織能力

第二次世界大戦後、日本に多くのマネジメント手法が米国から導入されたが、トヨタも自動車造りのノウハウや「組織と人材開発」について米国発のプログラムを研究し、自社に相性の良い手法を取り入れてトヨタウェイとして確立したと言われる。そのシステムを徹底実践して今や自動車メーカー世界一の座を占めるまでになった、トヨタの優れた組織能力について以下に紹介したい。

(2)　優れた組織能力

トヨタの経営方式や生産システム・製品開発システム・部品サプライヤー関係・海外事業展開等のいわゆるオペレーションズ・マネジメントは、すべてトヨタの組織能力のなせる技であると考えられる。トヨタは、「社員一人ひとりが継続的改善に参加することを尊重する」組織文化というものを持っており、「継続的改善と従業員の参画を他に見られないほどの水準に高め、真の学習する組織を作り上げる偉業を達成した」のである。ライカー (2006, pp.19-21) は、「トヨタは、企業にインスピレーションを与え、幹部の軸足がぶれないことや短期利益より長い目で経営を見ることの重要性を示し、哲学、プロセス、人と

問題解決手法をうまく組み合わせれば学習する組織をつくることができるということを示した」として，組織能力を高めるトヨタの基本的考え方を以下のようにまとめた。

- 長期的考え方（Philosophy）：トヨタは長期的な経営を重視し，顧客や社会に付加価値を提供することを強く意識している。その結果，環境の変化に適応して常に生産的で学習する組織を育てる長期戦略が可能になっているとみる。
- 正しいプロセス（Process）が正しい結果を生む：プロセス重視の姿勢はトヨタのDNAに組み込まれており，正しいプロセスは必ず正しい結果を生み出すと考えられている。
- 人とパートナー企業を育成して会社の価値を高める：トヨタウェイでは，社員が継続的に改善を進め育っていくことをサポートするツールが揃っている。
- 継続して根本問題（Problem）に取り組んで組織的学習を行う：

こうしたトヨタの組織能力は一朝一夕に出来上がったものではなく，トヨタグループの創業者である豊田佐吉をはじめとする多くの社員が，100年以上の歳月をかけて築いてきたものである。それこそが，グローバル市場で認められる競争優位性を構築してきたバックボーンであったと言えよう。2008年のグローバル危機の影響等で業績の回復に時間がかかっているが，学習する組織として市場変化に対応する新たな戦略と施策が注目されている。

3 組織文化と企業文化

(1) 組織特性としての組織文化

組織文化は「組織内の人材によって共有されている価値観，規範，信念」と定義され，組織能力が頭脳に当たると例えられたように，組織文化とは個人の「性格」や「雰囲気」に該当すると説明される（梅津，2003，pp.151-154）。我われは，社会の中で生きていく上で大小様々な組織に属して学んだり，仕事をし

たり，共同作業を行っている。そうした組織はそれぞれ目的や仕組みを持っており，総体として人々の知的生産の場となっている。変化する環境に適応するために組織は「知識創造力」を高め，これがイノベーションを創出する能力になるのである[2]（高木，2005）。そして，企業内で受け継がれ人々に共有される「ものの考え方」など，組織の目に見えない特性や文化と呼ばれるものも，経営戦略の策定や実行に大きな影響を及ぼす。組織文化とは，「企業の構成員によって共有・伝承されている価値観，行動規範，信念の集合体」であり，「成文化され，経営者によって繰り返し説かれる経営理念，経営信条，行動規準などは，組織文化を共有・伝承するための手段」であるとされる。つまり組織文化は，その企業の精神的よりどころとなるもので，社員の一体感を醸成する役割を持つものである。

　京セラやパナソニック等独特の組織文化を持った企業が少なくないが，石井（1999, pp.151-155）は，組織文化の形成や伝承にとって特に重要な意味を持つのは人事の諸制度であるとして，次のような3つの制度を示している。その第1は，入社時の選抜基準である。組織文化を反映した選抜基準に照らして採用された人は，組織文化を受容しやすいであろうとの考えである。第2は，企業内における教育や訓練であり，会社の価値・規範・信念を伝承・共有するための重要な機会ととらえて実施するものである。そして第3は，評価・報償の制度である。どのような行動が評価され，或いは罰せられるのかは，一定の行動様式を強化する重要な手段である。組織文化は恒久不変のものではなく，時が経つとともに変化していくダイナミック（Dynamic＝成長し続ける）なものとしてとらえている。組織文化のコア部分は，創業以来継承されてきた会社の価値・規範・信念等によって形成されるものであり，表層部分は，経営環境や構成員の価値観の変化にも対応しながら是正されていくべきものであると理解できる。

(2) 組織文化と企業文化

　組織文化は，企業文化とも呼ばれ「組織のメンバーが共有するものの考え方，ものの見方，感じ方」である。組織風土や社風にも通じる組織文化の基本的部

分は,「組織の多くの人に共有されている組織としての価値観であり,人々に共有されたパラダイム」であると説明される（伊丹他, 2005）。良い意味でも悪い意味でも人間個人にはそれぞれの個性や価値観があるように,組織も創業以来培われた固有のカルチャーを持っている。その組織が存続していくためには,環境の変化に適応しながら社会でその存在価値を認められることであり,働く人々が一体感を持てる組織文化を持っていることが重要な要件になる。では,実際に一体感のある組織文化を持ち,社会でその存在価値を認められている企業はあるのだろうか。以下にその事例を示したい。

(3) トヨタの企業文化

　トヨタ自動車は,全世界で32万人もの連結対象従業員（2009年11月時点）を擁する巨大企業であるが,トヨタがいかにして世界最強のメーカーになったかを理解する一つの方法は,その組織能力と企業文化を知ることにある。トヨタの競争優位の源泉は,特定のツールや手法ではなくその企業文化そのものであり,企業文化がコア構成要素となっているトヨタウェイのルーツは,豊田の創業時代にまで遡ると分析される（ライカー, 2006, pp.64）。トヨタウェイとは,「会社の基本理念や原則に深く根ざした社員の考え方や行動の仕方に関するものであり,その本質は人間性尊重と継続的改善である」と言われる。この「会社の基本理念や原則に深く根ざした社員の考え方や行動の仕方」はまさに企業文化であり,トヨタウェイは今や海外事業会社で働くトヨタの多国籍の社員にも受け継がれるコア・コンピタンスにまで高められている[3]。

(4) コミットメント

　トヨタでは,社員がチームで協働して日々の問題解決を通じて作業標準を改善し,職場で学んだことを会社や社会に対してコミットするような社員を育成したいと考えている[4]。トヨタは,もの造りを通じて顧客と社会に貢献するためにトヨタウェイ2001年を定め,社員に次のようなことを求めている。国籍や文化の異なる人々にも分かり易く共感が持てる内容になっているので,参考の

ため以下に引用する。

- ・他者を尊重する
- ・自分を尊重し，より良い人間になる努力をする
- ・他の人々と協力して，継続的に製品やプロセスを改善する
- ・それを，現地現物で，現場で，直接，他の人々とやりとりしながら行う
- ・最終顧客をどのように満足させるか，常に考える
- ・すべてのチームメンバーや部品メーカーをビジネスパートナーとして扱う
- ・チームの他のメンバーが良くなるように努力する
- ・社会に良い影響を与えるように努力する

　このように，人間尊重の精神で人を育て，会社や社会に貢献するコミットメントを大切にして「全社員の意見やアイディアを受け入れ，全員が誇りを持てるような良い結果を出す」ということが，トヨタの企業文化であり組織能力の一部となっているのである[5]。この考え方は，後述するクオリティ・マネジメント（TQM）の精神や，マズローの欲求階層説につながるものとして注目したい。

4　企業遺伝子

　トヨタ創業者の豊田佐吉は，「三河地方に根強く残っていた二宮尊徳の報徳の教えや，日蓮宗の教えを基本に置いて，自らの発明人生から得た教訓を加味した」豊田綱領を遺した。この考え方は，「豊田自動織機，デンソー，トヨタ車体などのトヨタ系11社の会社でも，そのまま，もしくは時代，環境，会社の特性に合わせてモディファイ」され，社是や経営理念として採用されていると言われる（日野，2004）。この創業者の考えと，その時代から現在に至るまで企業活動に貢献してきた有能な人びととの試行錯誤の結果が，トヨタの遺伝子に反映されて受け継がれ，企業文化を構成しているのである。豊田佐吉の持っていた遺伝子（暗黙知）は，豊田系の経営者やトヨタを支える有能な人材の手によって一層進化した企業遺伝子（暗黙知）を創出し，さらに文書に著して組織的な

知識としての『文書化された手続き』(形式知)として規定していったと伝えられる[6]。

第2節 人材開発論

1 人材開発の意義

(1) 人材開発の概念

「人材」とは役に立つ人物であり、「開発」とは知識を開き導くことを意味する(広辞苑)。したがって、人材開発とは「人を教育し知識を開き導くことにより、組織の役に立つ人物にすること」である。企業は目まぐるしく変化する経営環境の中で、変化やリスクに対応した意思決定と迅速な行動を求められているが、その企業経営の方向性を示す戦略の策定を行うのも、また組織行動として諸施策を実践するのも、人的資源としての「人」である。人材開発は、企業の経営目標や経営戦略の達成にとって欠かせない人的資源の育成と能力の開発を意味し、長期的人材開発は経営の最重要課題の一つである[7]。

(2) 人材開発の効果

第3章でも触れたように、日本的経営では終身雇用や年功序列制度を長らく人事管理の基本としていたため、学卒者の一括採用・企業内研修・ジョブローテーション等の社内制度と機関によって育成し、昇進昇格による経営層の選抜という人事戦略を採る企業が多かった。長期的視点に立って、企業サイドが求める社員の能力開発を社内で行うシステム構築をしてきたものの、バブル崩壊後の長期景気低迷期に、企業がリストラを断行したことによって雇用状況は大きく変わった。それまでの日本的経営を支えてきた終身雇用や年功序列制度は追いやられ、職務主義・成果主義の導入の時期とも重なって、働く人びとの価値観も大きく変わってきた。学卒者の一括採用枠は縮小され、正規社員の減少と外部労働市場から紹介される非正規雇用者の増加で人事体系も多様になった。

そのため，組織内での長期的人材開発という取り組みがおろそかになり，やがて個人の自己責任による能力開発が重視されるようになった。

企業による長期的視点に立った人材開発は，企業にとって重要な戦略として位置づけられることが必要であるとの認識に立って，川端（2003）は，長期的人材開発には次の4つの効果が期待できると説いている[8]。

　a．社員の能力の向上：社員の知力のレベルを高め，業績の向上と経営の活性化を図ることができる。
　b．エキスパーティーズの開発：社員の先人の経験やOJTによって企業内に積み上げられてきた専門力やノウハウ等の能力（expertise）は，その企業の場における問題解決において不可欠である。
　c．人的求心力の確保：人材開発に熱心な企業は，社員を重視する魅力的な会社として評価が高まり，人的求心力を強める。
　d．人的ネットワークの形成：たとえ社員が転職してその会社を離れたとしても，将来的に好ましいパートナーとして外部ネットワーク形成の協力者になり得る。

特に，「人材開発に熱心な企業は，人的求心力を強める」，「たとえ社員が転職してその会社を離れたとしても，将来的に外部ネットワーク形成の協力者になり得る」という期待効果は，自己実現型のライフ・キャリア形成を志向する若手社員からも歓迎されるものであり，人材開発の基本コンセプトに盛り込まれるべき考え方である。

(3)　能力開発と動機づけ

成果主義の弊害として，「上司が部下に，先輩が後輩に仕事を教えなくなった，社内の一体感が阻害された」等の指摘が挙げられるが，長期的視点に立つ人材開発にとって重要なことは，社員の"はたらく場"に対する信頼感である。信頼に足る経営者や上司が，「次世代を担う人を育てる」という熱意とリーダーシップを発揮して部下を導くこと，そして社員の側では「この上司についていけば，自分は鍛えられ，やがて自分の望む目標の達成や自己実現が果たせる」

という実感を持てることが，人材開発の重要な要件となる。

　川端 (2003, p.27) は，「能力開発はエンパワーメントの中核をなす。能力が高まってこそ高いレベルの目標を達成でき，さらに高い目標にチャレンジすることが可能になる」として，能力開発と動機づけとの関連性を説いた[9]。これは，人の適性と能力の開発－動機づけ（モチベーション）－能力を高めて積極的な自分を創造するエンパワーメント，という自己啓発のバリューチェーンとも言うべきつながりを持つ考え方であるが，本書の第5章「人の意欲と行動」と第7章「自己啓発とイノベーション」にて詳しく論述する。

2　人材開発システム

(1)　人的資源管理と人材開発

　多くの先進企業では，計画的，継続的な人材開発や能力開発活動を展開するために，教育訓練プログラムを整備して積極的に人材開発への投資を行ってきた。企業組織における人的資源の開発と管理活動は，企業の経営理念や経営方針，長期経営計画や経営戦略に対応して編成されなければならないが，経営目標，経営戦略の達成に必要な人材の確保，育成，能力発揮機会の開発等を有機的にシステム化したものが人材開発システムである（梶原，2004）。

　人材開発システムの構築に際しては，人的資源の持てる能力を充分に発揮させて創造力を高めるエンパワーメントと，働く人々のライフ・キャリア（生涯にわたる生活設計）の考え方を尊重して取り組むべきである。

(2)　キャリア・ディベロップメント

　企業組織における人材開発には，①雇用や教育訓練，人事考課の管理等の能力開発促進要因と，②人間関係や賃金・労働条件の管理等，能力開発促進上の動機づけ要因の2つの要因があるとされる（梶原，2004）。この能力開発を促進する仕組みとして代表的な人材開発システムが，Career Development Program（CDP：経歴管理制度）である[10]。

CDPとは，従業員各人のキャリア（能力）を組織内で積極的に活用して組織が必要とする人材を育成し，本人の成長と組織の発展とを図ろうとする人材開発・活用プログラムであり，ライフ・キャリアに対応した計画的な能力開発システムである。

3　人事戦略と人材開発

(1)　人材開発戦略

　日本的経営の基本理念である「人間尊重の経営」を実現するためには，組織構成員各人の能力，意欲，意志，キャリアが尊重される人事戦略の展開が必要であり，それに対応した組織内外の教育機関や機能を活用した人材開発活動の展開をすべきである。

　企業の人事戦略や能力開発は，個別企業の経営理念，経営方針，経営戦略等々によって規定される。企業を取り巻く環境は常に変化しており，その変化に対応して進化するためには，人事戦略や人材開発のシステムも常に見直し，対応修正していかなければならない。

(2)　能力開発活動

　企業経営における人材開発，能力開発の基本的な方法あるいは手段は，「各自の自己啓発努力と，ＯＪＴ（On the Job Training：職場内教育）である」と言われる。企業組織における能力開発活動としては，配属された職場における業務遂行能力を高めるＯＪＴが基本であり，目標管理（Management by Objectives＝ＭＢＯ）も，広義の能力開発の有効な方法といえよう。いずれも，職場の上司や先輩，人事や研修スタッフ等の働きかけや指導が個々人のモチベーションを高め，自己啓発によって新たな能力を開発していくことにつながると考えられる制度である[11]。

(3) 企業内教育の重要性

　企業の経営理念や経営方針というものは，日常の業務に追われる中では組織全体にまで浸透させることが難しい。トップ・マネジメントは，人間尊重の精神と人材開発を企業経営の最優先事項の一つと位置付けて，組織的に取り組む姿勢を示さなければならない。経営者層の「人間尊重と人を育てる」という姿勢が，新入社員研修や中堅社員教育等の階層別教育，及び法務や財務会計，国際業務等の職能別教育を通じて従業員に伝わり，モラールやモチベーションに影響を与えるのである。人々がやる気を高め，チーム・ワークよく協働して働きがいを感じることで社内に一体感がもたらされる。それによって，社員の定着性と質的向上を図ることができ，最終的に経営全体の質が高められるのである。

4　人材開発の推進

(1)　人材開発の施策

　人材開発に求められるもの，そして今後企業の人材開発の要となるべき人材開発部門が実践すべき施策について，JMAM人材教育（2008a）では次の4つの項目を挙げている。

- 人的インフラ整備としての「人材基盤の確立」のための，課長職研修など階層別教育の継続的実施
- コンプライアンスやダイバーシティなど，「社会的要請」によって求められる施策
- 「経営からの要望」に応える人材開発
- 必要な知識やスキルの習得，働きがいの向上や組織の活性化などの「現場ニーズ」に応える施策

　人材開発を推進する人材開発部門が果たすべき役割は，「経営的視野から現場のニーズを捉え，経営と個々人の成長を結びつけること」であり，「その時々の経営環境や短中期の戦略に影響されない長期的視野に立った，本質的な人材

開発戦略と，それに基づく全社的な施策について，責任を持って実践する」ことである[12]。特に大切なことは，個々人の成長につながる長期的視点に立った人材開発に真剣に取り組むことであり，それが次世代の経営を支える有為の人材を育成することにつながるのである。長期的雇用関係を重視した日本的経営の中で，上司の指導や薫陶を受けて持てる能力を開発し，やがて経営者として活躍して行った人材も多い[13]。

(2) 人材開発の課題

人材開発の課題としては，組織の人材が多様化する中で「社員の働きがい・生きがい」をどのように高めるか，人材のグローバル化のために今何を行うべきか，個人の能力だけでなく如何に組織能力を上げるか，という点が挙げられる。

熾烈なグローバル市場で競争優位性を維持拡大するには，今や組織内だけの知識やスキルだけでは充分とは言えず，企業としては，働きながら専門学校や大学院で学び自己啓発に努める社員のモチベーションを高めたり，様々な雇用形態の社員や外国人社員など多様な価値観を持つ人びとを支援するダイバーシティ・マネジメントを進めること等，全組織をあげて長期的かつ戦略的な人材開発を行っていく経営姿勢を持つ必要がある。

5　人材開発の事例

(1) 花王の人材開発

花王では，創業当時から受け継がれてきた「組織の成長と個人の成長を結びつける」企業文化を軸とした人材開発が行われている[14]。花王の「人づくり」は「花王ウェイに基づき，組織と個人の絆を強化し，価値観の共有を図る」ことで，人と組織の成長を重ねている点に特徴がある。

(2) トヨタの人材開発

「どうすれば人はやる気になるかという『動機づけ理論』にしたがって,トヨタの経営者・管理者は社員に働きかけてきた」と日野 (2004, p.166) は言う。トヨタの首脳陣は,「よいモノをつくろうとしたらよい人をつくらなければならない」という意味で「モノづくりは人づくり」と言い,「人の心理に働きかけること」が行われてきた。トヨタにおける人づくりとは,「人のやる気を高める (動機づけ) こと」であり,常に上司や先輩は,「どうしたら人はやる気になるのか」を考えて社員や後輩に接触することが求められてきたとされる (ibid, 2004)。

トヨタの成功の理由は何だろうか。その理由はいくつか挙げられようが,根幹をなすものは「人」であろう。トヨタの競争優位は,よく訓練され育成された人材から生まれる高い品質と信頼性にある。OJTによる能力開発教育によって継続的改善が達成され,従業員全員が互いに尊敬し信頼し合って,高いスキルとモチベーションを保とうという取り組みがなされてきたのである(ライカー, 2008)[15]。

第3節　グローバル経営を支える体制

1　グローバル化と人的資源管理

グローバル化の急速な拡大や円高傾向への対策として日本企業は海外での事業展開を行い,グローバル経営を実現するための組織体制づくりや人的資源の育成強化を進めてきた。特に,グローバル経営の展開を支える国際人材の育成は急務であり,本国の海外要員のみならず,人種や国籍にとらわれずに有能なグローバル人材を登用していく国際的人的資源管理 (IHRM) が重視されるようになってきた[16]。

企業の戦略は,「グローバルな脅威やチャンスをしっかりと見極める戦略策定者の経験や見識」にかかっており,経営者や戦略策定者がグローバルな展開

のための組織を構築し結果を出せるかは,「かれらがどう組織,市場,競争者およびそれを取り巻く環境を認識するか」にかかっている。異文化の中,多様な価値観の下での意思決定という試練を受け,コミュニケーション能力・問題発見能力・問題解決能力を高める絶好の機会が得られるという意味で,海外駐在経験は,グローバル企業にとって重要な戦略的意義を持つと考える（ブラック他,2001,pp.3-17）。

2　グローバル勤務の戦略的役割

　グローバル化の潮流の中で,企業はグローバルな事業戦略や特定地域のローカル市場に合わせた戦略の策定,及びその実践のためのグローバル・スタンダードな人材・組織マネジメントを展開することが急務となっている[17]。日本企業は,その地理的,言語的,文化的背景もあり,グローバル統合と現地適応を両立させる組織能力を充分に持っているとは言い難く,グローバル展開に際しては,異文化での事業経営を円滑に運営する人材の確保が必要となる[18]。

　企業経営において直面する問題や課題に対応して従業員の能力開発や教育訓練を行うことで,経営戦略の展開や経営活動の円滑化を図ることもIHRMの重要な役割である。グローバル経営活動を担う要員に必要とされる能力とは,海外の事業所等で適切な職務遂行ができること,及び調整や交渉能力,コミュニケーション能力や問題解決能力等を指す[19]。

　では果たして本当にグローバル勤務が人的資源の能力を開発し,職務能力に優れた人材を育成する役割を担っているのだろうか。日本のグローバル企業のトップとして,強力なリーダーシップを発揮して社業に貢献した例を以下に挙げる。現パナソニック（旧松下）の中村邦夫元社長は,約10年米国を中心に海外駐在し,その経験が同社の変革を支える原動力になったと言われる[20]。また,トヨタ自動車の張元社長,キヤノンの御手洗元社長,武田の武田元社長,何れも海外駐在経験者であり,優れたリーダーシップを発揮して社業に貢献した国際人である[21]。このように,海外勤務を経験することで対応力・調整力・交渉

力・問題解決能力等が身に付き，グローバル・リーダーの見識や能力を身に付けさせる最も確実な方法であるとする考えに，賛同するものである。

3 国際人的資源管理

(1) 戦略的人的資源管理

これまで述べてきたように，グローバル経営を進めるために不可欠な戦略は，国際的な場で活躍できる人材の育成とその活動を本社や現地子会社で支える国際人的資源管理（IHRM）体制の構築である。グローバル人材の育成やキャリアパスの整備，海外派遣者の選抜や教育，現地社員の採用や多国籍的人材の活用等，グローバル経営においては，長期的視野に立った組織体制の構築とグローバルな人事戦略の実践が不可欠である（宮川，2008，p.92）。

(2) 事 例 研 究

日本の代表的グローバル企業は，1980年代からグローバル経営を支える組織・人材戦略の構築に経営資源を投入してきた。グローバル企業が5年10年単位での中長期経営戦略を立て，グローバル経営を支える体制づくりを行ってきた経緯を示す参考資料として，1999年当時の松下電器（2008年10月パナソニックに社名変更）・ホンダ・トヨタ・キヤノン各社の「グローバル経営における組織・人材戦略」を以下に示す（日本在外企業協会，2000，pp.13-121）。

① パナソニックにおけるグローバル経営を推進する人事戦略

パナソニックは，創業1918年の歴史ある会社であるが「グローバル化」の進展に伴い，同社では「日本的な経営の良さを堅持しつつ，欧米式の考え方の経営の良さを導入していくこと，グローバル化に対応して自分たちのマネジメントスタイルを確立していくこと」が重要だと考えた[22]。従業員数の半分以上が海外の社員であり，売上高も連結では海外の方が多くなっている状況下，グローバル人材の育成と有効活用は同社にとっての最重要課題であった。

事業部門がグローバル事業展開と成長性及び収益性の確保を実践し，地域本

部は地域戦略の立案並びに市場責任を持つマトリックス経営が基本となっていた。グローバル＆グループ本社として「グローバル競争に打ち勝つ幹部人材の育成と配置」，「日本人・現地人トータルでの経営幹部の育成」，「グローバル要員の計画的育成」，「グローバル・キャリア・ディベロップメント・システムの構築」を図ってきたことが，現在のグローバル経営の成果に繋がっているといえよう。

② ホンダのグローバル人材育成プログラム

1999年当時，本田技研工業は世界40か国130か所に海外拠点を持ち，海外駐在員約1,500人を派遣していた。国内・海外合わせた社員はグループ全体で約10万人を超え，そのうち6割が海外の現地人従業員であった。「企業がグローバルに成功するには現地化を進める必要があり，異文化理解について体系的な研修を実践し，海外駐在員としての資質を身に付けた人を派遣しよう」として，駐在員の資質の向上に取り組んできたと言う。グローバル人材の育成プログラムの一つである駐在派遣前研修では，グローバル運営体制，ホンダのビジョンや考え方，仕事のやり方，リーダーシップのとり方，リスクマネジメントなどが教えられ，ＴＱＭ (Total Quality Management)，ＨＭＣ (Honda Management Concept)，ＨＪＣ (Honda Job Concept) 等のカリキュラムが組まれていたことが特徴的である。ホンダの基本理念には「人間尊重」が含まれており，社是には，「地球的視野に立ち，世界中の顧客満足のために質の高い商品を，適正な価格で供給することに全力を尽くす」とある（2009年11月28日現在）。

③ トヨタＰＲＯ21―21世紀に向けた総合的な人事改革

トヨタは，1992年に経営戦略を見直し「トヨタの基本理念を策定し，オープンな企業活動を通じて，国際社会から信頼される企業市民を目指す」という理念を明確化した。そして1999年から「GLOBAL21」プログラムをスタートさせて，現地従業員，特に幹部社員の育成や活用，トヨタ本体と連携したグローバル人材育成の検討にも取り組んできた[23]。

そしてトヨタは，2010年グローバルビジョンを掲げ，「真のグローバル企業として世界の人々や地域から敬愛される存在」になるという目標を明示し，他

のグローバル拠点をリードしサポートするグローバル本部体制を構築して，統合型のグローバル・オペレーションズ・マネジメントを展開してきた。そして，今また，「人と技術の力で明日の世界を切り開く」2020年グローバルビジョンを策定して，全社を上げて取り組んでいる（2009年11月現在）。

④ キヤノンの国際人事政策

1999年時点で従業員数が連結で約8万人であったものが，2008年12月には連結で16.6万人になり，外国籍社員の割合が57%と日本人社員を上回っている。キヤノンの企業理念は「共生（Kyosei Philosophy）」であり，「文化・習慣・言語・民族等の違いを乗り越えて人類全てが豊かに暮らしていける社会」を目指して，「真のグローバル企業の確立」「世界一の製品を作り，世界の文化の向上に貢献する」「理想の会社を築き，永遠の繁栄をはかる」という目標を掲げた。真のグローバル企業になるために，グローバルに活躍できる人材を育成してきたことが，キヤノンの強みとして現れており，現在（2009年11月）も，「グローバルエクセレントカンパニー」への挑戦を続けている。

(2) グローバル・コーポレート・シチズンシップ

本書の第1章で，企業とステークホルダーとの関係を指すコーポレート・ガバナンスについて述べたが，富士フィルムは，「世界中の人々が，物質面だけではなく精神面の豊かさや，充実感，満足感を持ちながら，人生を過ごしていける社会の実現に大きく寄与することを使命」としてクオリティ・オブ・ライフの向上を謳い，資生堂では，「世界中の顧客からより一層信頼され，愛される企業となる」ことを公表している。そしてトヨタは，「トヨタ基本理念に基づき，グローバル企業として，各国・各地域でのあらゆる事業活動を通じて社会・地球の調和のとれた持続可能な発展に率先して貢献すること」を約束している。このように，企業は法人格を付与された組織体として，自然人と同様に法律行為を含む経済活動ができる市民と位置付けられ，社会への貢献を期待されているのである。

グローバル・コーポレート・シチズンシップは，企業統治・企業の社会的責

第Ⅰ部　経営学における組織と人材開発論

任・ステークホルダーズへの貢献という3つの領域が交わった，地球規模に拡大された新たな哲学とも言うべき考え方であり，企業やその組織に属する人々も顧客や取引先も，皆が同じ地域・国・そして地球に住む市民としてつながっているという考え方が根底に流れている。

こうしたグローバル市場で期待されている企業の役割を分析して見えてくる21世紀の日本のグローバル企業像は，「国際社会から信頼され，世界の人々や地域から敬愛されるグローバル市民」というイメージである。この企業像を実現するためには，企業の社会的責任や社会貢献，ステークホルダーとの良好な関係，コーポレートガバナンスの確立といった考え方をグローバルベースに拡大させることが必要である。

また，こうした21世紀未来型地球市民を目指すグローバル・コーポレート・シティズンシップの概念形成のためには，欧米系の基準だけでなく，日本やアジアなどで育まれた「共生」の考えをより一層反映させた，グローバル・スタンダードが検討されるべきであろう（中村，2006）（宮川，2008）。

〔注〕
1）　梅津（2003, pp.151-152）を参照。
2）　高木（2005, pp.3-5）は，「組織は，その基本目標を達成するようにつくられたシステム」であり，「人間が効果的に協働できるための仕組みである」と定義している。
3）　トヨタは，学習する組織であることに誇りを持つという企業文化がある。社員には，チーム志向，自発性，コミュニケーション能力，問題発見，問題解決，実践的な学習，作業速度，順応性，機械的能力等が求められ，特にチームリーダーやグループリーダー職位にはより厳しく求められているという（ライカー，2009, pp.184-187）。
　　筆者もトヨタとのビジネス体験を通して，この企業文化とその存在価値を認識する者のひとりである。
4）　ライカー（2009, pp.369-374）によれば，コミットメントは「大義や関係に対する献身や専心」と定義される。
5）　従業員教育と能力開発へのトヨタのコミットメントは，「カリフォルニアのトヨタ大学，ケンタッキーのグローバル生産推進センター，日本のトヨタインスティテュート，英国のトヨタアカデミーといった正式な教育センターの設立」という社会貢献という形で明確に示されている（ライカー，2008, p.18）。
6）　日野（2004, pp.2-18）は，トヨタでは「自らの特性，知恵，価値観と絡ませて，さらに進化した知恵を創出して組織的な形式知を進化・増殖させ，全員が，"ぶれな

第4章　組織能力と人材開発

い基軸"（思想，価値観）を持つようになった」と説明している。
7) 梶原（2004）は，企業の環境適応行動と経営戦略の関連に言及して，企業経営においては活力にあふれた人材の存在が経営戦略展開の基本要件となり，企業は自社の人材育成や能力開発に前向きに取り組み，従業員の動機づけを行うべきことを強調している。その上で「経営戦略の策定，展開，目標達成を可能にする経営資源としての人材の育成，企業文化の重要性を認識し，人材育成を考えること」の重要性を説き，その人材の開発活動は，経営理念，経営方針，経営戦略等に対応して編成されるべきであると述べている（梶原，2004, p.24, p.66）。このように，企業組織のオペレーションにとって欠かせない人的資源の能力開発は，経営戦略やステークホルダーとの関連も考慮しながら取り組むべき全社的優先課題である。
8) 川端（2003, pp.24－25）は，「自我や自己実現欲求が高まって，自分の能力を発揮したい，好きな仕事をしたい，理想を追及したいなどの内発的動機に応えることが重要になってきた」と指摘している。
9) エンパワーメント（empowerment）とは，「能力や権限を与えることで，能力を高めて積極的な自分を創造すること」を意味する。川端（2003, p.27）は，「運命共同体的一体感による求心力から，ビジョン・目標の価値の共有による求心力を高めたり，部下のエンパワーメントなどが，リーダーシップの重要な要因となってきた」として，管理職がリーダーシップを持って社員の人材開発を行うべきことを説いている。
10) ＣＤＰとは，経営戦略，長期経営計画，要員計画等に基づいて採用した従業員を，配置，異動，昇進・昇格，出向，派遣，応援といった施策によって構成される「雇用管理」領域と，計画的な教育訓練，自己啓発等の「能力開発」領域，業績評価，能力開発等の「人事考課」領域等を「人材育成」「人材開発」という視点から設計したプログラムである（梶原，2004, p.73）。

筆者が勤務した総合商社においてもＣＤＰが導入されており，語学や法務・経理・事業管理・海外駐在等の研修，通信教育や内外の大学院への留学等，個人の能力開発が組織への貢献につながるという，双方にメリットのある制度であった。
11) 梶原（2004, pp.95－119）を参照。
12) ＪＭＡＭ人材教育（2008 a, pp.30－31）を参照。
13) その一例として，帝人の安井祥策元会長の手記の一節を引用したい。「私が駆け出しのころの管理職の人たちは，偉かったと思う。ものすごく教育してくれたからだ。ＯＪＴ，つまり仕事を通じての教育ばかりではない。」として，部長が社外でのオペレーションズリサーチ（ＯＲ）の講習に連れて行ってくれ，仕事から外れて朝から晩まで勉強できたこと，「帝人は当時，デミング賞を目指していて，私は一人で品質管理の講習に半年間通った」ことが紹介されている。氏は，「こうした勉強は，私の仕事のやり方の基礎になっている。今も教育投資は必ず引き合うと確信しているのは，自らの経験による」と明言しているが，これこそが人材開発に求められる経営姿勢である。（日経新聞，2009年10月8日付朝刊，安井祥策「私の履歴書」）
14) 企業活動の源泉は社員の創造性であると考え，その力を引き出すための能力開発に力を入れているとされる。花王では，「すべての社員は創造力や問題解決能力を有し

93

第Ⅰ部　経営学における組織と人材開発論

ており，機会を与えられることによって，自ら進んでそれを発揮し，かつ高めようとする」ととらえているのである。JMAM人材教育（2008 a，pp.34-39）を参照。

15) トヨタでは，「才能の種をもらえば，私たちがそれを播いて，土地を耕し，苗に水をやり，大切に育て，最終的には自分たちの努力の成果を収穫する」と言われている。つまり，努力と訓練を積み重ねることで有能な人材を育て，また，彼らが次の人材を育成していく人材開発システムを作り上げているのである（ライカー，2008，p.41）。

16) 安室（2007，p.168）は，グローバル経営において様々な国籍や文化を持つ人々を「統合」し，その協働を促進するためには，「価値感の共有化による信頼関係の構築」と，「人材活用のグローバル最適化」が必要であると説いている。

17) キャメル・ヤマモト（2006，p.2）を参照。

18) 古沢（2008，p.93）は，「グローバルな企業文化・信頼関係の構築は，国境を越えた協働のベースとなる協力精神を醸成」し，同時に国境を越えた人材交流や知識の異種交配は「イノベーションの創造」に資するとして，この「グローバル・イノベーション」に結実する国際人的資源管理を「グローバル人的資源管理」として概念化した。そして，その構成要素を「規範的統合」と「制度的統合」に求め，日本企業は本社と海外子会社間の信頼関係を構築することで，グローバル・イノベーションの創造・移転・活用が可能になると説いている。

19) 梶原（2004，p.259）を参照。日本企業の海外活動はますます重要になってきているが，小池編（2007）はグローバル展開を支える人材の日本内外の社員の人材開発，海外子会社の社長や海外派遣者の人材開発，外資企業の人材開発についての研究結果を示している。

20) キャメル・ヤマモト（2006，p.3）を参照。

21) まさに，Globalizing people through international assignment＜海外勤務を経験させて人々をグローバル化する＞という原文が，その重要性を言い得ている（ブラック他，2001）。

22) 日本企業のアジアでの事業展開の際に重要なカギとなるのは，「現地社員の人材育成」であると言われる。松下電器グループにおける人材開発プログラムである「ものを作る前に人を作る」「ひと作りをとおして社会に貢献する」という姿勢は，アジアのみならず他の地域の日系海外事業会社にも多く見られる。こうした経営姿勢が，従業員の定着率を高めて経営の現地化を図る企業内の利益のみならず，進出先の国民経済発展という大きな貢献をもたらしてきたと言えよう（中垣他，2001，pp.27-33）。

23) GLOBAL21は，Global Leaders through Opportunities of Broader Assignment and Learning for the 21st century の略で，「地球視野での人づくりと最適配置」を意味する。グローバル経営を支えるための人材育成プログラムであり，グローバル・トヨタのパフォーマンス向上に貢献できる経営人材を，全世界を対象に計画的に育成することを狙いとした経営人材育成プログラムであった。

第Ⅱ部
人の意欲とイノベーション

第Ⅱ部では，人の意欲と行動の関係，働きがい・生きがいとはどういうことなのか，組織と人を活性化させる具体的方法とは何か，自己啓発とイノベーションのつながり等について論述する。

第5章

人の意欲と行動

　仕事への意欲を高める方法として挙げられるのが，仕事の達成感や仕事による自己成長など仕事それ自体がもたらす内的報酬と，給与，昇進，人間関係・組織理念等の外的報酬である。どのような報酬が仕事への意欲を高めるのに効果的であるかについては多くの動機づけ理論があるが，本章では，行動の結果として得られる成果についていかなる動因がどのように影響しているかという関係に注目し，動機づけの実体的決定要因を研究する欲求理論について主に取り上げる。

第1節　人の活動意欲

1　人々の意識

(1)　社会構造の変化

　第二次世界大戦後の先進諸国は，まず生存欲求を満たすための消費を賄うため，その次には大量生産・大量消費というパターンで，主に製造業などの第二次産業を中心とする工業国型の産業と社会構造を築いてきた。そして人々も，食べていくために稼ぐ豊かになるために働くという労使関係を前提として，「会社人間型」の管理型人事体系の中で生きてきたと言えよう。第三次産業へのシフトやその後の産業構造の変化は，人々の仕事やライフスタイルに影響を与え，さらには「価値観を変える自己実現至上主義の台頭」というポストモダ

ン化現象をもたらした[1]。こうしたポストモダン的価値観について，渡辺(1994)は，5つの要因によって特徴づけられるとして分類している。

① 獲得型個人主義：「自分の人生は自分で決める」という考えで，人生の目標は，自分の能力に見合った「文化的」なライフスタイルを生きることであると考えるようになった。

② 反権威主義：新しい世代の特徴は「権威の正統性に関して疑問を抱きやすく，また組織の指導者に対して異議を唱えることにも余り抵抗を感じない」とされる。

③ 脱物質主義：「生活の質」が問われるようになり，人は物質的目標のためには働かなくなった。それに伴って，物質的報酬に対してあまり関心を示さなくなり，内因性のモチベーションを高める自己実現至上主義への傾斜が見られる。

④ 権利主張主義：組織の権利よりも，個人の権利が重視される傾向が強くなった。

⑤ 快楽肯定主義：職場において社員が残業を拒否するようになったり，有給休暇を権利として取得するようになったり，個人の自由度を高めるようになった。

　こうした働く人々の価値観の変化に対して，企業側は人事制度面で，週休5日制，キャリアプランニング支援，フレックスタイム制，ワーク・ライフ・バランス制度等の導入によって対応を行ってきた。また一方では，終身雇用制や年功序列型の人事体系が能力主義や成果主義に変わり，転職を後押しする労働市場の多様化も進んだ。

(2) 働きがいとは

　「あなたが働きがいを感じる要素は何ですか」(複数回答)というアンケートの問いに対して，「自分の成長」と答えた人が46％と最も多く，2番目に多かったのが「達成感」(43％)，以下「職場への貢献」「社会への貢献」「顧客からの

評価」と続き,「会社や組織の業績」を働きがいと感じる人は23％,「出世」に至っては5％しかいなかった,と報告されている[2]。つまり,目標の達成感や自分の成長に働きがいを感じる人が大勢で,出世や賃金は働きがいを感じる要素としては極めて弱い,ということである。

また,企業を対象として1985,1992,2005年に行った日本能率協会によるアンケート調査の中で,「人事・人材開発部門の中心的課題」として常に上位に挙げられた課題は,「組織の活性化等を含めた,従業員のモラルやモチベーションアップ」であった（日本能率協会グループ,2005, pp.19-22）。各企業にとって20年以上にわたって「モラール・モチベーションアップ」という課題が挙げられているということは,企業組織にとって人と組織の活性化がいかに難しいことであるかを物語っている。こうした「モラールやモチベーション」の課題を解決するには,職場において企業組織における価値観の刷り込みや,上司や同僚との協働を通してお互いに信頼感を高めるという,小集団活動のようなチームワークを重視する活動をもう一度見直す必要がある。「人はどうしたらやる気をもって仕事に打ち込み,やりがいを感じることができるのか」という問題意識を持って,本章では,モチベーション理論を中心として,産業社会学,心理学,そして経営学の視点から命題へのアプローチを図る。

2　モチベーションと価値創造

(1)　モチベーションの概念

モチベーション（Motivation）とは,動機を与えるという意味のmotivateの名詞形であり,動機づけ,刺激,誘導という意味を持つ英語である。「人が一定の方向や目標に向かって行動し,それを維持する働き」を意味し,一般的には「動機づけ」「やる気」とも呼ばれる。He was motivated by a wish to be famous.（彼は有名になりたい一心から行動した）という英文例が示すように,受動態で表わされることが多い[3]。人間の内的欲求や願望等の動因が,目標対象である誘因に方向付けられたときに「動機づけられた」状態となるが,組織構

成員の仕事への意欲を高め，組織目的への積極的貢献に導くために人々をどう「動機づけるか」は，企業経営にとっての重要課題である。

(2) モチベーション理論

動機づけ（モチベーション）理論は，米国の心理学者マズロー，マグレガー，ハーズバーグ等が唱えた理論として有名である。人間は本来的に創造的で自己発展の機会を求めているとする「経営管理論および経営組織論と強い関係を持つ行動科学の一系譜」として，人的資源管理論（Human Resources Management Theory）という学問体系の中で論じられてきている。

① マズローの欲求階層説

マズローの人間観の特徴は，生理的欲求，安全欲求，所属と愛情，尊厳の欲求，さらには自己実現の欲求という至高経験まで，低次から高次の欲求ヒエラルキーを形成し，基礎的欲求が満足できた時に高次の欲求が出現する，という階層説を唱えているところにある[4]。

マズロー（1971）は，1954年に発行した"Motivation and Personality"（邦題『人間性の心理学』）において，「人間は，それぞれの可能性を最大限に開発し，自己実現させることによって，どこまで健康でありうるか，について科学的に追求することを課題とするとともに，その課題の解答を見出そうとする心理学こそ真に科学的と呼ばれるに値する心理学である」と主張した。この自己実現に向けての自分の可能性の開発こそ，本書で扱う「人材開発」につながるキーワードであると考える。マズローは，「動機理論」の中で「動機の研究というのは，部分的には人間の究極的目標・欲望・欲求の研究でなければならない。モチベーションの引き金を引くのは，個人の強い目標意識であり，欲求である」と語り，次のような有名な基本的欲求を挙げている（ibid, pp.71-107）。

A．生理的欲求は，あらゆる欲求の中で最も優勢なものである。人は空腹状態にある時，「あらゆる能力は，空腹を満足させるために用いられ」「満足されない欲求によってのみ，有機体は支配され，その行動は組織化される」と述べている。

B．安全の欲求は，生理的欲求が満足された時，新たに安全に対する欲求が出現する。安全や安心は，すべての人が理解できる根源的欲求と言えよう。

C．所属と愛の欲求：生理的欲求と安全の欲求が満足された時に初めて，愛情と所属の欲求が起こってくるのだと言う。「人は一般に他者との愛情に満ちた関係，すなわち自己の所属しているグループ内での地位を切望しているし，この目標を達成するために一生懸命努力する」という例を挙げ，人が組織の中で居場所を持ち，認められたいとする欲求は根源的なものであると説いている。

D．承認・尊厳の欲求：人間社会では，すべての人々は「自己に対する高い評価や自己尊敬，自尊心，他者から尊重されることに対する欲求」を持つと考えられているが，これが承認の欲求である。自尊心の欲求に満足を与えることによって，自信，価値，強さ，可能性，適切さ，有用性や必要性などの感情が満たされる。しかし，この欲求が満たされないと，劣等感，弱さ，無能さの感情を生み出すことになるとするマズローの分析には，説得力がある。

　現代社会では，他人から認められることが少なく，CからDへの欲求満足が得られずに，自信を失って引きこもり状態になるケースが多いのではなかろうか。

E．自己実現の欲求：AからDの欲求が満たされた時，「その人が本来潜在的に持っているものを実現しようとする」自己実現の欲求が現れるとされる。人は，より自分自身らしく，なりうるものになろうとする欲求をその基本的欲求の最高位に持っていると考えられている。

次の図表5－1のように，マズローは，人間を動機づける主要な原理は，「優先性や効力性により，欲求をヒエラルキーに並べること」ができ，「より強い欲求が満足された後，より弱い欲求が出現する」という役割を持っていると述べた。そして，この欲求は，「相対的に満足されると沈下し，ヒエラルキーの中でのより高次の欲求が表面に出てパーソナリティを支配し，組織するのを許すのである」と説いている。また，彼は遺伝子についても興味深い論述をして

図表5-1 マズローの欲求階層説

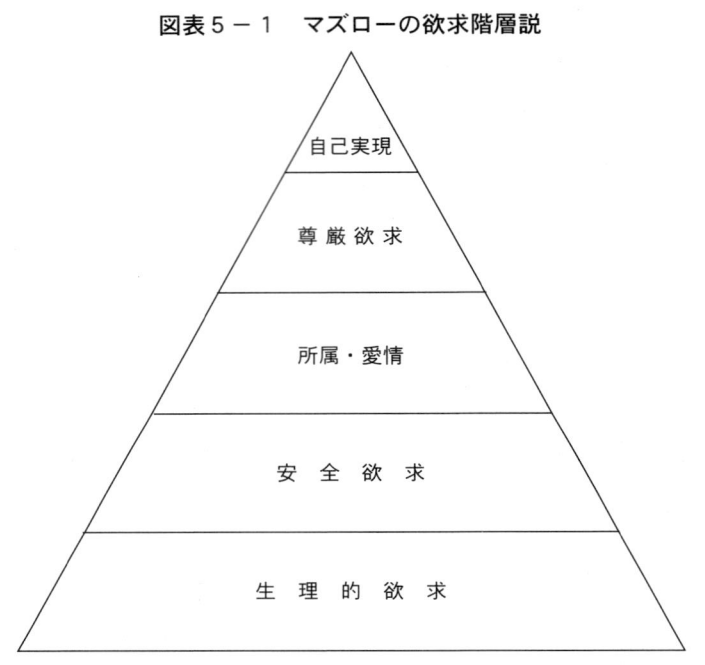

(ピラミッド図：下から順に)
- 生理的欲求
- 安全欲求
- 所属・愛情
- 尊厳欲求
- 自己実現

出所：マズロー（1971）『人間性の心理学』，pp.71-107マズローの欲求階層説をもとに筆者にて作成

いる。つまり，基本的欲求は，相当部分を生まれつき与えられているものであるという仮説を持ち，「人の能力や可能性の多くは，遺伝によって決定され可能になる」という考えを明らかにした[5]。

そのマズローの主張を要約すると，以下のようになる。

人間は，本来自分の内に人格の統合性・自発的な表現性，創造的になること，善なることに向かう力を持っており，「さらに完全な存在になろうとするよう作られている」。そしてそれこそが，「大部分の人がよい価値と呼ぶもの，すなわち，平安，親切，勇気，正直，愛情，無欲，善へと向かう力を意味するのである」と結論づけている (ibid, p.209)。

さらに彼は，「創造性，自発性，自立性，確実性，博愛，愛する能力，真理の探究などは，人の持つ可能性の芽である。(中略) 萌芽としてあるものを認め，

育て，励まし，助けて，ありありとした現実になるようにする」という発見事実を述べている。このことは，家庭にあっては親が子を，学校では教師が生徒を，企業組織にあっては上司や先輩が部下や後輩を認め，励まし，育てていくべきことの重要性を再認識させてくれる。

そしてマズローは，同書の中で「自己実現的人間－心理学的健康の研究」の結果を示し，自己実現をしている人々とは「才能，能力，可能性を充分に用い，また開発している」人々であり，「自分の到達できる最も高度の状態へ達し，また発展しつつある人々」である，と定義している。この自己実現をした人々の中で特に共通してみられた特徴は，例外なく「創造性・独創性」があったことであり，自己実現者にみられる創造性は，「健康な子供の純真で普遍的な創造性－すべての人間に生まれながらに与えられた可能性のようなもの」であると述べた。また彼は，人間は本来「遺伝子決定因子をともなった本能的」な精神的本性を持っており，個性的な自己の遺伝的・構造的起源や幼い頃の体験や環境によって影響を受ける，と述べている。このことは，本書の第7章で論じる人の意欲と行動と遺伝子との関係につながる知見として注目したい。

② マグレガーのX理論・Y理論

マズローの欲求階層説を踏襲して，マグレガー (1970, p.4) は1960年に"The Human Side of Enterprise" を著し，人の問題こそ企業の「決め手」であることを論証しようとした。

経営者にとって最も重要な仕事の一つは，社員の力を結集して企業の事業目標を達成することであり，「経営者がうまくやれるかどうかは，従業員の出方に見通しをつけ，これを統制できるかどうかによる」と説いている。

「従業員にやる気を起こさせるにはどうしたらよいか」という問いは，古今東西の経営者が発する生の声であるが，マグレガーはマズローの欲求階層説を参考にしながら，X理論とY理論という考え方で働く人とそれを管理する人との関係説明を試みた。

X理論は，命令統制に関する伝統的見解であり，「普通の人間は生来仕事が嫌いで，なろうことなら仕事はしたくないと思っている」「普通の人間は，命

令される方が好きで，責任を回避したがり，あまり野心を持たず，何よりもまず安全を望んでいるものである」と考える経営者が少なからずいると説く。そして時代の変化にともなって，こうしたX理論が正しくないことが分かり，「従業員個々人の目標と企業目標との統合」という，従業員にやる気を起こさせる人事管理の心理論としてのY理論を唱えた（ibid, pp.38-55）。

「外から統制したり，脅かしたりすることだけが，企業目標達成に努力させる手段ではない。人は自分が進んで身を委ねた目標の為には，自ら自分にムチ打って働くものである」という考え方である。そして，企業内の人間がうまく協調できないのは，その人間の持つ能力を引き出す手腕が経営者に無い（組織づくりのやり方や統制方法が正しくない）からだ，とY理論は指摘する。そしてマグレガーは，「仕事は条件次第で自己実現と自我の満足の源泉にもなり得るし，また苦痛にもなり得る」と説き，従業員個々人の欲求と企業の向かうベクトルを調整できれば，企業はもっと能率的に目標を達成できるという考え方を示した。

③ 動機づけ衛生理論

ハーズバーグ（1968）は，仕事における動機づけの心理学的調査研究結果を，「動機づけ衛生理論」としてまとめた。ハーズバーグは，「積極的な動機づけの源泉となっている事項は仕事の内容に関するもので，作業内容，達成度，達成に対する評価，自律，昇進，新しい技術の習得など，人的成長の源泉であるべき職業における自己実現の可能性に関わるものである」と説いた。これに対し不満の原因となっている事項は，「労働の環境に関連するもので，報酬，安定，労働条件，上司・同僚・部下との関係，その他労務管理の慣行における不公平な処遇に関するもの」で，「衛生要因」と呼ばれた。

重要なのは，「衛生要因を充足することによって期待できるのは，不完全な仕事と不満を防ぐということ」だけであって，「意欲をそそるような仕事があれば，それは個人の生活上中心的な関心事項となり，仕事は重要な生きがいとなる」と説明されている点である（ハーズバーグ，1968）（渡辺，1994）。モチベーション形成にあたっては，上司が部下に仕事を教えて任せ，常に関心を示して

第5章　人の意欲と行動

「認めて」あげること，目標達成時にはそれを讃えて達成感を与え，評価することで仕事への満足感を抱かせる努力が必要だとする理論である[6]。

④　モチベーションと価値の創造

　モチベーション理論の概念は前述の通りであるが，21世紀の日本企業で働く人々のモチベーションは必ずしも高くはない。野村総合研究所（NRI）が上場企業の20歳代，30歳代を対象として，現在の仕事に対する意欲についての調査を行った結果，「無気力さを覚える人」は全体の75％にも及ぶことが分かった（名倉広明，2008）。特にポストバブル世代と呼ばれる2001年以降の入社組は，先輩社員のリストラを目の当たりにしたり，成果主義の厳しさや問題点を肌で感じたこともあり，職場での一体感や自己の成長実感が乏しいと言われる。自分の持てるスキルや特性が職場において活かされること，働く人が活き活きと自分を表現でき，認められて働くことを喜びと感じられるような企業組織の対応と仕組みづくりが重要である。このように，働く人々のモチベーションを高めることによって組織の活性化が図れ，新たな価値創造につながるのである。

⑤　仕事に何を求めるか

　では，こうした変化の激しい環境の中で，若い世代の人々は仕事に何を求めているのだろうか。

　1990年代から始まった長期景気低迷期に，産業界の厳しいリストラクチャリングの影響や個人の価値観の変化等によって，働く意欲や労働観というものが大きく変わった。「モチベーションを高め，やりがいを感じさせる為には何をすべきか」ということが，人材・組織マネジメントの大きな課題となってきたのである（野村総合研究所，2008）。

　野村総合研究所（NRI）が，2005年10月に上場企業の20歳代・30歳代正社員1,000名を対象に行った「仕事に対するモチベーションに関する調査」の結果，若手社員は前の世代に比較して，仕事に対し次の5つの欲求が強いことが分かった。これが若い社員のモチベーションを高める施策につながると考えられることから，そのポイントを以下に示す（ibid, pp.17-22）。

第Ⅱ部　人の意欲とイノベーション

A．「仕事に対する意味欲求」

　　社会的に意義のある，あるいは貢献しがいのある仕事がしたいという欲求が強い。事業のミッションや仕事の意味付けが重みを持つ。

B．「成長・上昇欲求」

　　多少辛いことに我慢してでも，新しいノウハウやスキルを身に付け，自分のキャリアを高めていきたいと考えている。

C．「創造性発揮欲求」

　　仕事を通じて自分らしい創意工夫や創造性をもっと発揮したいと考えている。

D．「承認欲求」

　　人から認められたいという欲求であり，次世代ではこの傾向が強まっている。

E．「自己実現欲求」

　　個人としてのアイデンティティを大事にし，仕事と生活におけるスタイルをうまく統合させたいと考えている。

　この調査結果は，前述のポストモダン的価値の5つの分類と共通する部分が多く，次世代を担う若手の仕事に対する新たな欲求傾向を示していると考えられる。若い世代の潜在的なエンパワーメントを引き出す要件として注目され，今後の組織経営に関する重要な示唆を含んでいる。

⑥　モチベーションを高めるVOICEモデル

　ＮＲＩが，モチベーション再生の組織戦略としてオリジナルに作成したという「VOICEモデル」は，前述のような働く人々の意欲を踏まえ，経営者側の競争戦略的視点と従業員側の働く意欲の視点とを統合したものであり，「単なる従業員満足度経営の方法論を超えたフレームワーク」になっている。彼らは，モチベーションの高い組織を生み出すために，以下の5つの基本的経営手法（英語の頭文字を合わせてVOICEモデルと呼ぶ）を提案している。いずれも若い社員の声に応える施策として有効なアプローチなので，以下に引用したい（ibid, p. 56）。

第5章　人の意欲と行動

A．バリュー・アプローチ（Value Approach；共有価値観のデザイン）

　　企業のミッションやビジョン，あるいは行動哲学や行動規範などの製作と共有化を通じて，その事業の社会貢献性や社会変革性などを従業員が実感できるようにする経営手法のことである。バリューには，経営理念やビジョン，従業員の行動哲学，組織のＤＮＡ等の価値観も含まれ，社員の連帯感を重視して情熱を生み育てている組織は，高いモチベーションを維持していると言われる。

B．オポチュニティ・アプローチ（Opportunity Approach；成長機会のデザイン）

　　学習・自己成長・挑戦などの機会が社内に豊かに装備されている組織には，やる気の高い人材が集まり，高いモチベーションを維持する。

C．イノベーション・アプローチ（Innovation Approach；創造する楽しさのデザイン）

　　組織内にイノベーションのメカニズム（改善，改革，創造を尊重する文化と仕組み）を作り出すことによって従業員の創造性や起業家精神を存分に引き出し，モチベーションを高める経営手法である。

D．コミュニケーション・アプローチ（Communication Approach；情熱循環のデザイン）

　　互いの知識や知恵を組み合わせたり，触発され科学変化が起こったりすることによって仕事の質が高まり，個々人も成長できる。モチベーションは，仕事仲間や顧客との開かれた相互作用の中で常に触発されたり伝染したりするものであるととらえている。

E．エンパワーメント・アプローチ（Empowerment Approach；能力発揮環境のデザイン）

　　従業員個々人が存分に実力を発揮できるような権限と職場環境を整備する経営手法で，ワーク・ライフバランスや労働の自主・自律性の付与と深く関係している。

第Ⅱ部　人の意欲とイノベーション

3　マズローの理論研究

本章第2節のモチベーション理論の枠組みの中で，マズローの欲求階層説の概念については述べているので，本節では彼の『完全なる経営』『人間性の最高価値』等の研究を通じて得た知見について述べたい。マズローの理論には賛否両論あるが，心理学の領域の研究にとどまらず，経営学を含む社会科学や人はいかに生きるべきかという人間学とも言うべき分野まで言及しており，本章の「人の意欲と行動」を論じる上で参考になる部分が多いため，以下に引用する。

(1)　「完全なる経営」

マズローは，科学と人間主義的・倫理的目標との合一，科学と個人および社会全体の向上との合一を目指して研究を行ったが，「産業心理学との出会いによって，まったく新しい地平を開いた」と語っている（マズロー，2007，p.139）。そして，競争優位に立つための鍵を握るのは人間であるとして，「一般に経営理論は，二種類の成果に焦点を当てた理論である」と言う自身の知見について論述している。一つは生産性，品質，利益向上といった意味での成果であり，もう一つは，人的成果つまり，「労働者の心理的健康や自己実現を目指しての成長，さらには労働者の安全・所属・愛情・自尊欲求等の充足」である。そして，この二つの成果によって国家は他国を出し抜くことができる，とまで言及しているのである。

日本は，品質を高めて生産効率を向上させる努力を行って成果を高めてきた企業を擁する国であり，労働者が心理的にも健康で自己実現を目指して人間的成長が図れるようになれば，マズローの唱える人的成果を上げて，国としての競争優位性を誇れる国になれるはずである。マズローの指摘には，21世紀の現時点でも再認識しなければならない重要な知見が込められている。

また彼は，組織と人の関係について「優秀な人材がきちんとした組織に加われば，まず仕事が個人を成長させ，次に個人の成長が企業に繁栄をもたらし，

さらに企業の繁栄が内部の人間を成長させる」と語った。そして，自己実現の欲求について「この上ない安らぎを得たいのであれば，音楽家は曲を作り，画家は絵を描き，詩人は詩を詠む必要がある。人間は自分がそうありうる状態を目指さずにはいられないのだ。こうした欲求を自己実現の欲求と呼ぶことができよう。(中略) それは自己充足への欲求，すなわち自己の可能性を顕在化させようという欲求，なりうる自己になろうとする欲求である」と自己実現の欲求について象徴的な言葉を残している。さらに，「自己実現は，利己−利他の二項対立を解消し，仕事の大義名分は自己の一部として取り込まれており，もはや世界と自己との区別は存在しなくなる」との考えを示し，「心理学，心理療法，社会心理学などの成果を経済活動に応用できれば，人間を啓発する新たな道筋が示され，人類全体に影響が及ぶのではないかと」との強い期待を表明している (ibid, pp.2−14)。

(2) 「完全なる人間」

　人の意欲や行動はどのような動機づけでどのように導かれていくのであろうか。この問いは，心理学・教育学その他の人間科学を追求する学問領域や経済学・法学・経営学を含む社会科学のみならず，多くの人々が持つ根源的なものであろう。

　精神的に健康で意欲を持って生きる人間の心理と行動について，マズロー (1964) は科学的基礎に立って分析し，「自己を実現しつつある人間の研究」を行った (マスロウという訳もあるが，本書ではマズローという訳を採って表記する)。

　Abraham H. Maslowは，1962年に"TOWARD A PSYCHOLOGY OF BEING"というタイトルの本を発行し，その翻訳版「完全なる人間」が1964年に日本で発行された (マズロー，1964)。マズローはその序文において，日本版に翻訳されることを喜び，その理由として，日本思想のうちにある禅の考え方もこの著書作成にあたって参考にしたことを挙げている。そして，「人間の内面的経験を軽視したり，機械的・物理的・実証的なアプローチに偏っている (西欧的) 考え方が大波のように日本を襲ってくるとき，日本的思想を守るのに同書が役立

つことを期待している」と述べている点に注目したい。なぜなら，彼は人間の科学的な価値理論及び，道教的受動性や非言語的・非分析的な考え方も尊重する科学哲学を打ち立てたいとするバック・グラウンドを持っていたと見られるからである。

「Being（生命）の心の学問」という意味のオリジナル・タイトルが「完全なる人間」と訳された背景には，自己実現や人の至高経験について研究し，人類全体にとって規範的なもの，完成した理想的人間の生き方とは何かという生命（Being）論を提唱したいとするマズローの考えが反映されているものと見られる (ibid, pp.3-4, 290-297)。

彼は「人間の本性は善である」という基本的仮説を持ち，もしこの精神的本性が悪でないのであれば，これを抑えるよりもむしろ引き出し励ますようにすることで「我々は健康になり，生産的になり，幸福になる」と考えた。逆に人間の本質的な核心が他人に認められなかったり抑えられたりすると，人は欲求不満，苦痛を感じて病気になってしまうと説いた。この考え方は，ストレスや精神的悩みを持つ人が増えている現代社会でも説得力を持つものである。マズローがここでいう幸福とは，「豊かな情緒生活」を愉しめること，「創造的で美的に生き，人生に感動を覚える」ことを意味している (ibid, p.25)。

(3) 「人間性の最高価値」

同書は，マズローの没後の1971年に"The Father reaches of Human Nature"というタイトルで発行されたもので，彼の絶筆である。邦題『人間性の最高価値』は，彼の「自己実現」やその自己実現が最高潮に達することを意味する「至高経験」に関する研究の結論である「人間は，それ自体最高価値をもっており，人間をして人間を超える可能性を含んでいる」という考えを反映させて訳されたものである（マズロー，1989）。

マズローの業績は，人間の本質を見つめ尊重しようとする人間主義的哲学を基調としており，その著書の内容が心理学のみならず「哲学・宗教学・美学・教育学・倫理学・精神医学・社会学からさらには一般科学論や経営学にまで及

んでいる」点が特徴であり，「このような人間に関する深い洞察が単に心理学ばかりでなく，人間に関わりを持つすべての科学領域に大きな影響を与えずにはおかなかった」のである (ibid, p.471)。

こうした研究が半世紀経っても存在価値を持ち，人間性の尊重や意欲の動機づけ，自己実現のための教育等に引用されることが，マズローの業績の一端を示す証左である。

そして，同書の第4章創造的態度に関する記述で注目したいのが，次の文脈である。

「創造的な人間が創造的熱中のインスピレーションの段階では，過去も未来も忘れ，ただその瞬間の中にのみ生きるということである」というその状態は，本章の第3節で紹介する「フローモデル」の「フロー状態」と同じものであり，自己の持つ能力と挑戦がマッチする自己実現の域に達し，イノベーションが創発される最適状態を意味するものである (ibid, pp.71-76)。

(4) 自己実現

では，彼のイメージにある自己実現した人々とはどのような人であろうか。彼自身「自己実現の定義が難しい」と述べているように，明確な定義づけがなされていないものの，その参考になる表現がある。「自己実現しつつある人々は，一人の例外もなく，体外にある目標，すなわち自分自身の外にある何かに従事している」として，天職といわれるものに専念し，自己の生涯を「それ以上究極的なものに還元できないような本質的究極価値の探究に捧げている」人をその対象としているのである。つまり，人と仕事のつながりの中で働きがいを感じ，それが生きがいに通じたとき，人は究極の自己実現へのステップを踏み出しているということである。では，自己実現へ向かうために人間はどんなことをなすべきか。

マズローは，自己実現の方法として次の8項目を挙げている (ibid, pp.56-61)。中には意味不明な箇所もあるが，マズローの考えをできるだけ汲んでまとめてみた。

第Ⅱ部　人の意欲とイノベーション

① 自己実現とは完全に熱中し，全面的に没頭しつつ，無欲になって，十分に生き生きと経験することを意味する。この経験の刹那に，人間はまったく完全に人間になるのである。この瞬間が，自己実現の瞬間である。

② 自己実現とは前進の過程である。人生を，次から次へと選択する過程と考えよう。防衛，安全，恐れへの退行を選ぶ瞬間があるかもしれないが，成長への選択もある。一日に何十回となく，恐れの代わりに成長への選択を行うことは，一日に何十回となく，自己実現へ向かって動いていることになる。

③ 自己実現への簡単な第一歩は，自分の意見を持つということである。

④ 正直になり，責任をもつこと。責任感を感じるたびに，自己実現がなる。

⑤ 選択に迫られるたびに，自分の声に耳を傾けるようになり，自分自身の判断ができるようになる。

⑥ 勉強することによって，これまで以上に利口になること。自己実現は，人間の知性を使うことを意味している。人間の可能性を実現するために，骨の折れる，必要な準備期間を通り抜けることを，意味している。

⑦ 至高経験は，自己実現の瞬間的な達成である。人間は，至高経験が頻繁に起こるような条件を設けることができる。誰でもが至高経験をもっているが，気がつかない人も多い。

⑧ 自分が誰であり，何であり，何が好きで何が嫌いか，何が自分のためになって何が害になるのか，どこへ行こうとしているのか，何が自分の天職か，というようなことを問い，自分をオープンにすることが重要である。

このように，マズローが語る自己実現している人々とは，多岐にわたっているが要約すると次のようになる。つまり，基本的欲求（所属，愛情，尊敬，自尊心の満足を求める欲求）のすべてを満足させており，所属感と安定感を持ち，自分が愛されているか愛される値打ちがあると感じている人々である。彼らはまた，地位や生活の場，他の人々からの尊敬を得ており，自尊心と自己の価値を当然のこととして意識している人々でもある（ibid, p.351）。

(5) 高次動機の理論

　マズローは，人間は一旦欲求が満たされると，今度はそれに代わる，より高次の「報酬，所属，権威，尊重，感謝，名誉の他に，自己実現への機会や最高の価値観（真，美，有能，優越，正義，完全，秩序，合法性など）の育成」等に動機づけられることも，同書の中で語っている。

　またマズローは，「利己的行為がかえって他人の利益になり，逆にまた，他人の福祉を願う行動をとることが自己の利益となって帰るような」ハイ・シナジーの社会機構が要請されてくるという考え方も示している (ibid, pp.475-480)。これは，欲求階層説の高次の動機づけ要因には，利己的な欲求とともに他の人の役に立ちたい，社会貢献をしたいという利他的行為が含まれており，いわゆる利己的・利他的行為の有機的つながりが，めぐり巡って社会の繁栄につながるとする考え方である。

4　マズロー理論の解釈

　以上，マズローが唱えた代表的理論について述べてきた。経営学の範疇の組織行動論において，モチベーション論として心理学者であるマズローの理論が紹介されることに関して，山下 (2008) は，「マズロー理論はモチベーション論ではない」との見解を示している。近年マズロー理論に再評価の動き（マズロー，2007）があることを認めながらも，彼はマズロー理論そのものは心理的健康実現論であるとの見方を示している。一方のモチベーション論に関しては，「活動の方向づけ，強度，持続性をどう確保するか，行動の確保であって，(中略) 人間操縦」を狙いとしているという解釈から，マズロー理論とモチベーション理論は全く異なる理論であると結論付けている[7]。これは，マズローの唱える自己実現者は，動機づけられて努力しているのではなく，自分の存在価値を示していくことによって「発達しつつある」人々を指すのであり，社員の行動を引き出すためにどう刺激をしていくべきか，という企業による人間操縦論的なモチベーション論とは相いれないという見方である。

これはmotivationという言葉の意味が，「会社が意図的に社員を動機づける」という人間操縦的視点に立った場合の解釈であり，実態面では，「本人のやる気」を示す言葉として使われ，定着していることも事実である。モチベーションを高めて自己実現へのステップを踏み上げていくという考え方が，近年若者を中心に一般的になってきている傾向も認められる。マズローは，「だれもが創造性というものを先天的に持っているが，その創造性が抑圧されると個人のパフォーマンスが低下し，組織は持てる能力をフルに発揮できなくなる。人間が本来備えている潜在能力を引き出してやれば，組織は飛躍的に向上する」と説いている。このことから，個人は能動的に自己を啓発して持てる能力を発揮すべきであり，組織は人材を開発し育成していく場を提供してその支援を行うべきである，と理解することができる。こうしたモチベーションとイノベーションの関係については，第7章で詳しく述べる。

第2節　人の意欲と行動の分析

1　遺伝子と心

　人の意欲と行動の関係を，遺伝子学分野の知見を参照してもう少し掘り下げてみたい。遺伝子研究の世界的権威のひとりである村上 (2009) によると，人は60兆個の細胞からなる生命組織体であり，それぞれ役割の異なる300種類以上の細胞組織が自分独自の働きをしながら，同時に他の細胞を助ける働きをして臓器の正常な働きを可能にしているのだという。部分が個別に動きながら，他者や全体の動きにも奉仕しており，しかもその相互扶助の関係は何層にも重なり合って臓器の集合体である個体全体の働きを助けているが，そうした「利他的な活動」をコントロールしているのが，人間が親から受け継いだ3～4万個という遺伝子の存在であると説く。そしてその遺伝子には，自分だけが得しようというエゴ志向もあるが，それ以上に，他人を助けよう，人のために行動しようという利他志向もあり，「利己的である以上に利他的であるという人間本

来の特質に反映されている」との考えを示している (ibid, pp. 88-155)。こうした考えは，人間が組織や社会に貢献したいという，自己実現の欲求を最高次に位置付けるマズロー理論の裏づけになるものではないだろうか。

　生物の基本単位である細胞の核の部分にあるＤＮＡという化学物質が遺伝子として働いており，4つの文字（塩基）から成り立つ生命情報の無数の組み合わせによって，生物の活動や特質が決定されるのだという。そして村上は，この遺伝子の働きは，環境の変化や刺激などに影響を受け，その機能が活性化したり不活発になったりする性質を持っており，楽観的に前向きに考え，強い情熱や目的意識，生きがいをもって暮らすポジティブな心の在り方や生き方を努めることによって，「意図的に」いい遺伝子のスイッチをＯＮにし，健康や能力の向上につなげて明るい人生を生きることが可能になるとの仮説を示している。また，人間は「自分のため」という利己よりも「人のため」という利他の働き・助け合い・譲り合い・分かち合う相互扶助の生き方によって進化してきたとする考えも述べられている。

　こうした心と遺伝子の関係についての仮説は，進化論との兼ね合いを含めてさらに検証されるべき領域であるが，人は組織の一員として協働し役に立っている時に，楽しい・嬉しいと感じる傾向があり，その心が人をポジティブな生き方に導くように設計されているのではなかろうか。また，笑いや明るい心を誘う小集団活動や一体感のある組織運営が，社員の働きがいや生きがいに影響を与えることも検証されており，遺伝子と心の関係を踏まえた「人の意欲と行動」を説明する研究が，もっと掘り下げられることを期待するものである。

2　心　と　脳

(1)　心と脳のはたらき

　次に，心と脳が人の意欲と行動についてどのような影響を与えているのかについて，脳科学分野からのアプローチを試みる。茂木 (2008) は，我われを取り巻く森羅万象はそれぞれ独自の質感を持っており，「私たちが世界を感覚する

時に媒介となる様々な質感のことを，クオリア（qualia）と呼ぶ」と説き，その「クオリア」が人間の「心」と「脳」の関係を説明する重要な概念になると述べている。茂木によると，脳は複雑な分子機械であるが脳の作動原理そのものは単純で，ニューロンの発火現象によるものであり，「心とは，ニューロンの発火の集合だ」と単純化されている。そして「一つ一つのクオリアを私たちの心は，それぞれ他とは混同しようのない個性を持ったものとしてとらえる」と述べている（ibid, pp. 9-18）。

(2) クオリアの概念

「脳の中で行われている情報処理の本質的な特性を表わす概念であり，世界を感覚する時に媒介となる様々な質感」が，クオリアと呼ばれるものであるが，「日本には，もともとクオリアに対する感性の高い文化の伝統がある」と言う[8]。我われが物事の「意味」をとらえるとき，出発点は我われが脳で感じる「感覚」であり，特にその感覚のなかでも質感「クオリア」が，脳の情報系における情報の意味を考える上で非常に重要な要素であると考えられている。

茂木は，「創造性こそが，人間が生きている証しであり，脳が創造力を働かせるためには，意欲が必要であると考える。もっと仕事の質を高めてやろう，と考えた瞬間に脳はどんどん活性化され，脳の機能が高まることによって，創造性も自ずと高まる」と述べている。そして，最近の脳科学の研究では，この＜やる気＞こそが，脳の機能を高めるということが分かってきたと言う。また，日本人の＜ものづくり＞への姿勢こそが，「脳を活性化させる源」であり，「私はこの仕事で自己実現する，私はこの仕事に一生を懸ける，と本気で思ったとき，脳は素晴らしい働きを始める」と説明している（茂木，2009, pp. 103-105）。このように脳科学の分野と，心理学と組織行動論との接点で，人の意欲や組織と人の活性化，イノベーションとのつながりが説明されている点が，非常に興味深い。

第5章　人の意欲と行動

第3節　働きがいと生きがい

1　働きがいのある会社

(1) Great Place To Work

　日本経済は長い景気低迷期を抜け出せず，産業界をはじめとして多くの企業や働く人々の間に閉塞感が広がっている状況にある。かつては，勤勉で会社に対する忠誠心の旺盛な会社人間が大多数を占める日本であったが，今や日本人の会社への帰属意識や仕事への熱意は世界最低水準にある（仕事への熱意と会社への忠誠心がないと答える人が9割を超えている状況にある）。帰属意識が低ければ企業組織の共同の目標達成に努力したいという欲求が低くなり，コミュニケーションの希薄化によって職場のメンタルヘルスも低下する。

　人間は休みなく稼働する機械ではなく，喜怒哀楽という感情を持つ知的な生き物である。高いスキルと経験を持ち仕事の遂行能力に優れた人であったとしても，仕事や課題に向かうモチベーションが低ければいいパフォーマンスを生み出すことはできない。こうした中で，従業員にとって「働きがいのある会社」が注目され，そのパフォーマンスに関心が向けられている。

　「働きがいのある会社」(Great Place to Work) とは，「会社に対する信頼，経営者や上司に対する尊敬，自分の仕事に対する誇り，仕事への使命感，挑戦的な意味深い仕事，職場での良好な人間関係と連携が強い会社」であり，社員のモチベーションを高め，高いパフォーマンスを達成する企業のモデルである（『人材教育』, January, 2006, p. 18）。

(2) GPTWモデル

　サンフランシスコに本部を置くGreat Place to Work Institute（以下GPTWI）は，「信頼が組織の基盤であり，従業員のモチベーションの源泉である」と唱えてその考えをGPTWモデルとして普及させ，その実現を支援している団体

第Ⅱ部　人の意欲とイノベーション

図表5－2　「働きがいのある会社」（Great Place to Workモデル）

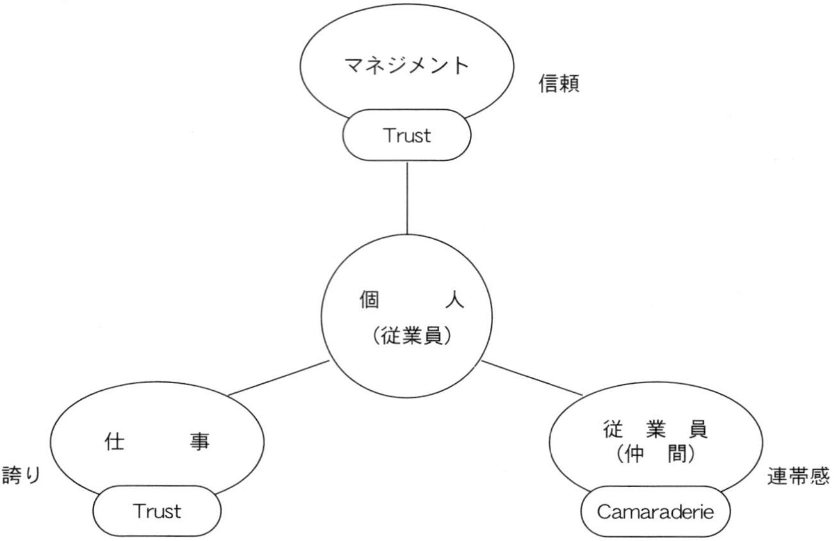

```
            マネジメント
              Trust          信頼

              個　人
             （従業員）

    仕　事              従業員
                       （仲　間）
 誇り  Trust           Camaraderie  連帯感
```

出所：JMAM『人材教育』January 2006, p.18

である。このモデルを分かり易く示したのが図表5－2である。この図の中央に位置する従業員が，勤務している会社の経営者や管理者たちを信頼し，自分が行っている仕事や役割に誇りを持ち，一緒に働いている仲間と連帯感で結ばれているのが「働きがいのある会社」のイメージである。

　このモデルでは，「皆で力を合わせ協働していく（Work Together）ために最も必要なものは，ハイレベルの信頼感」であるとされ，社員が仕事と役割に誇りを持って社会や組織に貢献していると感じられることが，「働きがい」「生きがい」につながるのである。GPTWの活動を通じて，「社員の働きがいを高めて，かつ仕事に集中できる環境を整え，生産性を向上させること，さらに社員一人ひとりの育成につなげたい」という目標を持つ企業が増えている[9]。

(3)　働きやすい会社

　働きがいのある会社は前述の通りであるが，では「働きやすい会社」とはど

のような会社で，どのような人的資源管理を行っている会社を指すのであろうか。日本経済新聞社による2009年の「働きやすい会社」調査の結果，総合ランキング1位はパナソニックで，2005年，2006年に続いて首位に選ばれた[10]。この調査では，企業には人事・労務制度の充実度について質問し，ビジネスパーソンには働く上でどのような制度や環境を重視するかを訊いている。同社はIT（情報技術）を充実させ，生産性の向上とともに仕事と生活の両立を図っているほか，従業員のメンタルヘルスの維持などにも積極的に取り組んでいることが評価された。パナソニックは，創業者の代から「もの造りの前に，ひと造り」という考え方を貫いているだけに，当時の大坪文雄松下電器産業社長の次の談話には，同社の経営哲学とも言うべきものが織り込まれており，働きがいのある会社の実像を見る思いである。

『様々な国籍，人種，性別，年齢の従業員が「溶け込む」のではなく「入り交じる」ことが，企業の成長と従業員の自己実現につながる。入り交じるとは，従業員各自が強みを確立し，互いに価値観を認め合う状態である。そのためには様々な生活の事情を持つ従業員が，仕事と家庭を両立しながら能力を発揮する仕組みが必要。今後も在宅勤務推進や育児休業充実などに取り組む』というコメントである[11]。

このように，「働きやすい会社」や「働きがいのある会社」では，多様な人材が集まるので互いに価値観を認め合い，協力し合ってそれぞれの能力が発揮される。そうした協働から新たな価値創造としてのイノベーションが生まれ，企業の有形無形の財産として新たに蓄積されていくのである。

2　フローモデル

「人間は，自らがより生存しやすくなるか，遺伝子を残せるか，いずれかの時に喜びを感じるようにインプットされている」と言われ[12]，お金に代表される外発的報酬は人間にとっての本質的な喜びではないことが分かってきた。人は，困難を乗り越えて問題解決できた時の達成感（ドーパミンの分泌），成長で

きたという満足度が得られる時，無我夢中になる。自らの持てる力と設定目標がうまくバランスして挑戦課題と取り組めているという実感が，フロー状態を招くと言われ，人間関係が良好で自分の存在価値を相手に認めてもらうことができた時に，人は喜びを感じる。それは，集団の中で生存しやすくなるからであるとされ，群れで生きるものの本能として村八分を怖れるという感情があることも否定できない。

海道（JMAM人材教育, 2006）によると，脳科学から見た「人間の喜び」の最高レベル5では，以下に示すように「自分と周りの人，社会全体のために役立っている，という行為に納得感と満足感が得られ，その時に，脳の前頭葉の腹内側前頭前野が活発に活動していることが確認されたという[13]。

脳科学・心理学・人間学から見た喜びの構造
1　身体的な快楽
2　否定的な感情や苦しみからの解放
3　人間関係（信頼・共感）
4　最適経験フロー状態（最大の内発的報酬）
5　意味（個人・他者・社会に，役に立っているという納得感）

これは，前述したマズローの自己実現の欲求を最高位とした欲求階層説を裏づける報告である。人の意欲と行動に関して，マズローは「人間は生まれながらにして，創造性・自発性・自立性・真理の探究等の能力や可能性の芽を持っている。基本的欲求が一つ一つ完全に満たされて初めて，次の高次の欲求が意識に現れる。人は，最高次の自己実現の欲求を満足させ，更に完全な人間になろうとする」と説いた。このマズローの欲求階層説を遺伝子の働きと関連づけてみると，5つの欲求が利己的遺伝子と利他的遺伝子によって導かれるのではないかと，推測される。

安全，生理的欲求
　　⇒　個として生きるための基本的欲求の達成を求める利己的遺伝子の働き

第5章　人の意欲と行動

自己実現，尊厳，所属

　⇒　社会的リーダーとして組織や社会全体，人々のために私を捨てて貢献する種族保存の利他的遺伝子の働き

　こうした，脳と心と体のメカニズムを踏まえて，人はどのようにしてやる気を出してどのような時に達成感を持つのか，社員がどういう状態の時に仕事に夢中になれるのかという研究を行うことは，経営学の一領域である人的資源管理論を発展させていく上で大変意義深いことであると考える。

　人の働く意欲を高め，自己啓発を促して創造性を高める方策や制度については，第7章で詳しく述べる。

〔注〕
1）　渡辺（1994, pp. 14-31）によると，自己実現至上主義とは，「仕事の第一義的意味は自己実現であるとする仕事観であり，仕事は何よりもまず生きがいを与え，自己発展のプロセスとなるものでなければならないという考え方」である。

　　また，この自己実現至上主義の台頭によって，「会社は自己実現の場として考えられ，人々が仕事を単に給与をもらう手段としてではなく，仕事を通じての自己実現にやりがいを感じるようになった」と分析している。
2）　出所：日経新聞2007年10月1日付朝刊。
3）　経営学辞典によると，動機づけは「戦後米国で形成された行動科学の研究において，人間行動のエネルギー，行動の方向，行動の持続性を説明するために構築された概念」である（二神，2006）。
4）　マズローの『人間性の心理学』の訳者（上田吉一）は，マズローが「精神的に健康な自己実現の姿を至高経験の体験のうちに見出すことにより，自己実現する人は，特殊な人に限られるものではなく，一時的にではあるが，ある程度まで万人に見られることを示した」点，また「人間形成の究極目標をとらえている」点を，従来の人格心理学に見られない教育的・倫理的意義があるとして評価している（マズロー，1971, p. 295）。
5）　マズローは，20年間にわたる人格研究を踏まえて，「人間の欲求」を，欠乏欲求と成長欲求とに分けた（マズロー，1971, p. 38, pp. 143-144）。

　　欠乏欲求とは，従来の「求める欲求」という概念であり，丁度，生命体としての人にとって水，アミノ酸，ビタミン，カルシウム等の欠如が病気を引き起こすように，生きていく上で必要な生理的欲求や安全欲求などの基本的欲求が欠乏状態にある時，強く求める欲求を感じ，その欠乏するものが外部から与えられたときに満足感を覚えるものであるとされる。また，成長欲求とは，満ち足りた状態で自己の充実したエネルギーを表出し，創造し，愛し，成し遂げたい，そして他に分かち与えたい，という

「与える欲求」ととらえている。
6）これらの心理学者によるモチベーション理論は，現実の経営や経営学に携わる人々にも強力なインパクトを与えてきており，ポストモダン期になって脱物質志向が強くなるにつれて，経営環境や働く人びとの価値観のパラダイムチェンジを説明する一つの理論モデルとして注目されるようになった（渡辺, 1994, p.89）。
7）一般的に「モチベーションを高める」という表現で「自分のヤル気を高める」ことを意味し，「自己実現をめざすモチベーションの高い人材を応援する」といった言い方をする企業も増えている。山下は「自己実現人を動機づける」という発想は厳に慎まれるべきであると述べ，「モチベーションの概念は，自己実現者には成り立たない」と主張している（山下, 2008, p.423）。
8）日本人のもつクオリアがいかに優れているかを示すものとして，Kaizen（改善）の思想，「どんな人間にも創造性が備わっている」という日本人の持つ哲学，衆知を集めて素晴らしい独創性を生み出していくという日本人の伝統的知恵について言及している（茂木, 2009, pp.80－90）。
9）米国にあるGPTW Institute の共同創立者，ロバート・レベリング氏によれば，「従業員重視の経営」を進める経営者が増えており，GPTWモデルでは，従業員の視点を経営に反映させていると説明する。「いい会社の共通項は，その会社の社員が，信頼（Trust），誇り（Pride），連帯感（Comaraderie）を大切にしている」ということを発見し，これがGPTWモデルに発展していったという（JMAM『人材教育』, January 2006）。
10）「働きやすい会社」の調査は今回が7回目で，企業に対する調査では436社から有効回答を得ている。ビジネスパーソンは従業員1,000人以上の企業に勤める人が対象で，2,184人が回答した。2005年と2006年は松下電器産業が，2003年と2008年はNECが首位にランクされた。なお，2006年度の対象企業は252社，ビジネスパーソンは2,848人から回答を得ている（日本経済新聞2006年8月1日付け朝刊）。
11）出所：日経新聞2009年9月7日付朝刊
12）JMAM人材教育（2006），海道昌宣「人間の生存能力を高めるジョイ・オブ・ワーク」『人材教育』June 2006, pp.50－54）
13）同上（ibid, p.51, 図表1を参照）

第6章

クオリティ・マネジメントによる人と組織の活性化

　前章において，人の意欲と行動そして働きがいや生きがいについて述べ，遺伝子や脳とのつながりで諸説があることを説明した。本章では，序章で述べた5番目の問題意識である「人と組織を活性化するには，どのようなマネジメント手法があるのか」という点について，人と組織を活性化させ創造力を高めると言われるクオリティ・マネジメントに注目して論述する。

第1節　人と組織の活性化

1　組織活性化の条件

　組織の活性化とは「社会を構成する各要素が結合して，有機的な働きを有する統一体である組織が，活発に働くようにすること」（広辞苑）であり，組織を構成する細胞（構成員）が本来持っている有機的な働きを，活発化させることを意味する。

　小川（2009, pp.126－131）は，この組織活性化の条件として9つの事項を挙げている。企業経営の基本要素である組織と人が，どのように関わり合うことが活性化につながるのかについて分かり易く述べられているので，骨子を以下にまとめて示す。

　① 　会社組織の綱領としての企業理念が，組織構成員に浸透し定着している

第Ⅱ部　人の意欲とイノベーション

  こと
② 企業の路線を決定し，部下の向上意欲を高めることができる立派な経営者，上司がいること
③ チームの雰囲気が良く，職場にフェアな雰囲気があること
④ 仕事が面白く，意欲をもって働ける組織であること
⑤ 仲間とのコミュニケーションがよくとれ，楽しい職場であること
⑥ 仕事に未来があること
⑦ 評価が公正であること
⑧ 自己研鑽の機会が与えられること
⑨ 働く人のワーク・ライフ・バランスがとれていること

　このように，トップのリーダーシップの下で働く人々が有機的につながり，活き活きと働ける場としての組織があって初めて人々は働きがいを感じ，仲間と協働して意欲をもって挑戦することで組織の目標を達成していけるのである。このことから，組織活性化の条件とは，「企業理念の共有，リーダーシップ，一体感ある組織，モチベーション，チームワーク，将来性，公平さ，自己啓発，ワーク・ライフ・バランス」等のキーワードで説明される。
　このキーワードは，前章で紹介した「働きやすい会社」や「働きがいのある会社」に共通してみられる特徴であり，多様な人材が互いに価値観を認め合い一体感を持って協働することで，組織の目標を達成できるという考え方の裏づけになる。実際，日本能率協会経営研究所が2008年12月に発表した調査結果（5,000社を対象として調査し，860社から有効回答を得た）では，経営の一体感が強い企業ほど「社員や組織の持っている能力が発揮されている」，かつまた「高い業績を上げている」という傾向が顕著に示されている。そして「経営の一体感を高めるための施策」として，社員の意見や提案を聴く機会を設け，実現に結び付ける「ＱＣサークルなどの小集団活動」が有効であるという事実を掲げている（JMAM人材教育，2008 b，pp.60-63）。こうした，人と組織の活性化を図る方策として注目される小集団活動を含むクオリティ・マネジメントという経

営管理手法について,以下に述べる。

2 クオリティ・マネジメントの概念

「人と組織を活性化するマネジメント手法で,実際に企業において実践され,成果を上げてきたモデルというものはあるのか」という問題意識についての回答の一つとして,クオリティ・マネジメント(Total Quality Management＝TQM)を挙げ,その具体的施策である Creative Dynamics Group Method (CDGM) という小集団活動について述べたい[1]。

(1) クオリティ・マネジメント

クオリティ・マネジメントとは,「組織全体の目的をより効率的に達成する為,人間尊重の概念に基づき,組織内の人々が協調し,仕事の遣り甲斐を呼び起こし,組織の競争力や永続的な生存力を高める経営の考え方」である[2](吉田,2000)。そもそもクオリティは,「良質性・上質性」というニュアンスを含む品質特性・能力という意味で主に用いられるが,経営学では製品・サービスの質にとどまらず,人的資源・経営組織・社会・環境等の質も含んで用いられる。本書ではクオリティは,品質やサービスのみならず従業員の仕事の質や経営組織体の質及び個人の資質や生活の質(クオリティ・オブ・ライフ),そして社会全体の質的向上までを含むものととらえる[3]。

(2) TQMの概念

日科技連の「TQM委員会」によると,TQMとは「長期的展望に基づく自らの組織のビジョンと,これを達成するための最上位の方策としての戦略を合理的に定め,経営者・管理者層のリーダーシップのもとで,組織の力の源泉としての組織能力を強化し,存在感のある企業・組織とすること」を目指す経営科学の方法論である[4]。以下重要ポイントのみ抜粋して示す。

- TQMのビジョン:企業・組織が「尊敬される存在」,「ステークホル

第Ⅱ部　人の意欲とイノベーション

ダーと感動を共有できる関係」をめざし,「賞賛される競争力（技術力,対応力,活力）の向上を図る経営科学・管理技術の方法論」である。
- ＴＱＭの焦点と適用領域：企業・組織の「質」の向上に貢献するために,その焦点を経営システム,すなわち経営プロセス（ビジョン,戦略,企画等）と経営リソース（人材,組織構造,情報等）の質的向上にあてる。
- ＴＱＭの構成要素として,フィロソフィー・コアマネジメント・ＴＱＭの手法・運用技術の4項目を挙げ,詳細を以下のように示している：

① ＴＱＭのフィロソフィー：質,管理,人間性尊重
② ＴＱＭのコア・マネジメントシステム：
　・経営トップのリーダーシップ,ビジョン・戦略
　・経営管理システム：経営管理システムの運営,日常管理,方針管理
　・品質保証システム：品質保証体系,品質保証システム要素,ＩＳＯ9000の融合
　・経営要素管理システム：経営要素管理の運営,量・納期管理,原価管理他
　・リソースマネジメント：ひと,情報・知識・技術,設備,など質のマネジメント
③ ＴＱＭの手法：
　・科学的問題解決法（ＱＣストーリー）,課題達成手法
　・ＱＣ7つ道具（Q7）,統計的手法,新ＱＣ7つ道具（N7）
　・商品企画7つ道具（P7）,戦略立案7つ道具（S7）他
④ ＴＱＭの運用技術：
　・組織・人の活性化：個人・部門のレベルアップ・活性化のための諸活動,他
　・相互啓発,情報獲得,ベンチマーキング等

(3) ＴＱＭの精神

ＴＱＭの中でも特に注目されるのが,人的資源の尊重である。「人間を,や

る気のある，考える能力をもった有機的な存在と認めて尊重し，人の能力を伸ばすための教育・訓練を熱心に実施する」，「問題解決・課題達成能力を高めるためのインフラ整備」，そして「人を命令に服従させるよりも，自主的に考え実行できる人間である方が，効率的な管理ができる」という人間性尊重の考え方が，ＴＱＭの精神に反映されている。ＴＱＭにおいては企業・組織の"質"が問われることから，全員参加型のＱＣサークル等の小集団活動が改善や相互啓発の"場"と位置付けられ，参加意欲の向上が図られてきた。

(4) 人的資源の重要性

日本の産業界は，戦後米国から統計的管理手法をベースとしたクオリティ・マネジメントを学び，1960年代よりＱＣやＴＱＣの活動を展開して人間性尊重の考え方を重視し，実際的な改善効果を上げてきた。最も重要な経営資源としての人材を育成し，動機づけ，士気を高める人的資源管理（ＨＲＭ）と人的資源の尊重を重視するＴＱＭの精神には相通じるものがあり，２つのマネジメントの接点には「人材の活性化」というキーワードが浮かび上がる[5]。

3　クオリティ・マネジメントの発展過程

ここで，日本におけるクオリティ・マネジメントの発展経過について触れておきたい。図表６－１は，日本におけるクオリティ・マネジメントであるＱＣ→ＴＱＣ→ＴＱＭへの発展過程と，品質や管理等の概念の変遷について一表にまとめたものである[6]。

まず第一世代と呼ばれる Quality Control（ＱＣ）では，製造品質・職場の管理職・プロダクトアウト・制御統制・工程管理・自主的活動がキーワードになる。これに Total を付した第二世代のＴＱＣは，製品競争力・経営トップ・マーケットイン・経営管理システム・体質改善を管理対象とする考え方である。ＴＱＣは，デミング，ジュラン，ファイゲンバウム等の統計的品質管理の理論をもとにして，日本企業が試行錯誤した結果を反映させたものであり，日本発

第Ⅱ部　人の意欲とイノベーション

図表6－1　クオリティ・マネジメントの発展過程

	狙　　い	QC（第一世代）	TQC（第二世代）	TQM（第三世代）
目指す組織像	組織像 目指す能力 狙い 評価	成長・拡大 製品適合力 製造品質 職場の管理職	強い存在 製品競争力 製品・サービスの質 経営トップ	尊敬される存在 賞賛される競争力 経営の質 外部第三者評価
品質概念	品質 製品品質 管理対象 品質論	不良 製品Q 製品 製品品質	適合品質・市場品質 製品QCD プロセス 仕事の質	経営の総合的質 総合的質 経営システム 経営システムの質
顧客概念	品質志向 QAの考え方 管理目的 活動範囲	適合 プロダクトアウト 製品品質 製造	顧客満足 マーケットイン 製品のQCD 全員参加	株主・社員満足 ソサイアティイン 組織の総合的関係性 社会・関係社との共生
管理概念	管理の考え方 管理システム 管理のスパン 管理の種類 QAの方法論	制御・統制 製造標準化 維持・改善 日常管理 工程管理	管理・経営 経営管理システム 改善重視 方針・日常管理 新製品開発・OJT	戦略 戦略マネジメント 改革重視 戦略的方針管理 戦略的新商品企画
経営科学の体系化	アプローチ 効果の把握	手法の適用 自主的活動	帰納的整理 ボトムアップ 体質改善	戦略的体系化 トップダウン 品質コストマネジメント

出所：TQM委員会（1998, pp.89-95），伊藤嘉博（1999, p.4），及び西他（1993, pp.52-53）の資料をもとに筆者が作成。宮川（2008, p.106）図表4-1を参照。

の総合的品質管理の方式として海外にもその手法が広められてきた。そして1980年代に米国を中心として，ControlよりもむしろManagementという意味合いが強調される，第三世代のTotal Quality Management（TQM）の考え方が拡がったのである。TQMでは戦略的方針管理という管理概念を持ち，クオリティを高める経営をめざす改革重視の戦略マネジメントを実践し，社会で尊敬される存在になるという組織像をめざす考え方が特徴となっている[7]。

4　理論的枠組み

(1) クオリティ・マネジメント論

　クオリティ・マネジメント論については，デミング理論[8]及び米国マルコム・ボールドリッジ国家品質賞モデル（MB賞モデル）[9]を理論的拠り処として解説する。図表6－2に，代表的なクオリティ・マネジメント理論をまとめ，対比表として示した。

図表6－2　クオリティ・マネジメント理論対比表

カテゴリー	MB賞モデル	Deming	Juran	Feigenbaum
1．リーダーシップ	経営トップ主導の品質経営	経営幹部による品質改善コミットメント	経営トップの品質方針	経営者としての責任
2．品質情報と分析	品質情報の収集と活用，ベンチマーク	統計的手法による品質改善	品質情報システム　品質のコスト	検査とテストによる品質の測定
3．戦略計画	運営目標と戦略目標			顧客ニーズにもとづいたゴールの設定
4．人的資源の開発	従業員の品質教育と訓練。管理と運営	従業員を尊重し，教育・訓練を行う。コミュニケーションを図る	全社的に訓練し，社員間の関係を良好に	訓練　QC活動への参画
5．品質保証	品質と工程の目標に合致した製品と工程の設計	問題解決のために統計的手法を駆使し，チームワークであたる。サプライヤーも品質本位で選ぶこと	使用に適合する設計品質改善にもとづく工程設計。統計手法にもとづくサプライヤーとの関係構築	顧客重視の設計　工程能力の調査　統計的試験
6．品質と業績成果	品質と運営の成果検証による傾向把握。ベンチマークを行う			
7．お客様の満足度	将来的な顧客ニーズの把握。他社と比較し，顧客満足を追求		顧客情報と顧客満足度を把握する	顧客情報と顧客満足度を把握する

出所：G.P. Pannirselvam et al./Journal of Operations Management (1998), pp. 536－537. 筆者が翻訳して作表。宮川（2008, p.108）図表4－2を参照。

　デミング理論は，アメリカにおける人間関係論を源流としており，TQCやTQMに繋がる人間尊重にもとづいて，経営の質や生産性とコスト・品質，従

業員の仕事の質とやりがい等について論じた経営哲学である（吉田，2000）。日本経済が戦後の復興期から高度成長に至る過程で，デミングやジュラン等がアメリカ発の経営哲学を日本の基幹産業の経営者に伝道したことが，組織における人間性の尊重や人間関係の改善につながり，経営成果に及ぼす影響の大きさについて研究されるようになった（西他，1993，pp.20-27）。こうした考え方が，日本の伝統的労働慣習と適合し，その後のＴＱＣ活動の浸透へと発展していったものであるが，これは広い意味でクオリティ・マネジメントの日米方式ハイブリッド・モデルと言えよう。

(2) ＭＢ賞モデル

1987年に，日本のデミング賞に刺激を受けて米国マルコム・ボールドリッジ（ＭＢ）国家品質賞が設けられた。ＭＢ賞は，図表6-2に示したようにデミング，ジュラン，ファイゲンバウムの理論的枠組みを盛り込んだ形で体系化されており，非製造業や公的機関もその評価対象となっている[10]。また，ＭＢ賞の評価の際には，図表6-3のようなＴＱＭ実践と成果が問われており，この評価方式を採用した先行研究のＭＢＡモデル分析においては，クオリティ・マネジメントの実践成果を測るポイントとして，利益の増・コストの削減・マーケットシェア・競争力の増を重視している。

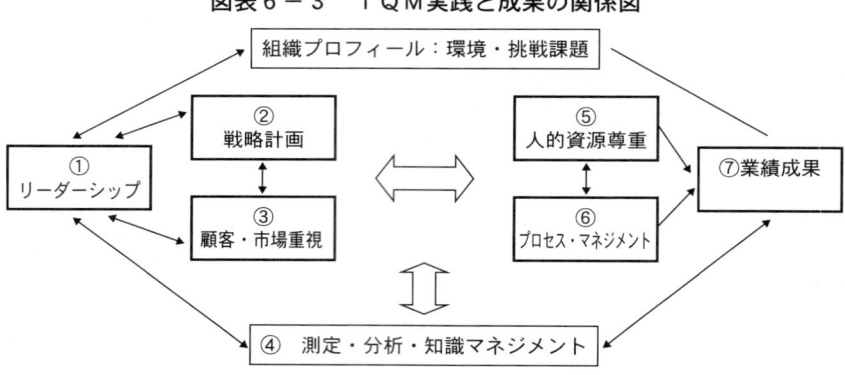

図表6-3　ＴＱＭ実践と成果の関係図

出所：Baldridge賞審査基準2009-2010年版フレームワークをもとに筆者翻訳作成。

この図の①リーダーシップ，②戦略計画，③顧客・市場重視という左側のグループ内で企業組織の基本方針が決められ，それが強いベクトルとして，経営者層から図の右側に指示として流れる。その結果，⑤人的資源の活性化が図られ，⑥プロセス・マネジメント（工程品質・設計品質・サプライヤーとの信頼関係・指導）に落とし込まれ，日々のオペレーションで実践されることによって⑦業績成果につながるというリンケージが示されている。組織の連帯感を強めて挑戦するリーダーシップが発揮されることで，全体感を持ったベクトルが形成されて成果に反映され，またその結果がフィードバックされて Plan-Do-Study-Act（PDSA）の改善のサイクルが回っていくとするモデルである[11]。

5 クオリティ・マネジメントの戦略性

(1) 戦略的クオリティ・マネジメント

Juran et al.（1993, p.115）は，戦略的クオリティ・マネジメント（SQM＝Strategic Quality Management）を「長期的クオリティ目標を立て，その目標に向けてのアプローチを定める一連のプロセスである」と定義している。クオリティ・マネジメントは，単に品質に関係する業務の管理と改善をするだけではなく，「多くの創意工夫が行われ，従業員の参画意識の高揚とその能力開発が進んで生産性の向上がはかられる」という，組織と人の能力開発と生産性の向上までを視野に入れた戦略性をもつ経営管理手法である[12]。

ハント（1997, pp.7-21）は，「アメリカでは，生産コストの20～25％が，ミスの発見と修正に費やされており，劣悪商品の修理や回収のためのコストを含めると，品質が劣悪なためにかかるトータルコストは30％も高くついているが，日本ではそれがわずか3％である」とする事実を紹介している。そして，継続的改善による品質向上によって時間と資源の活用度が向上するという，デミング理論に基づくＴＱＭの実践と成果の相関関係を示した。

日本においてもデミング賞や日本経営品質賞の受賞企業をはじめとして，クオリティ・マネジメントの実践によって，生産性の向上・コスト低減・売上

げ・利益の向上を果たしている多くの企業事例がある。しかしその一方で，クオリティを軽視した結果，社会的信用を失って大きな経営上のダメージを負った企業や，市場から消え去った企業の数も多いことも，事実として挙げられる[13]。こうした事例からも，クオリティ・マネジメントが品質・コスト・納期等の改善のみならず，人材育成・職場の活性化・企業経営の質向上にも貢献する重要な経営の基本戦略であることが理解されよう。

(2) 質と生産性と競争力

「医療の質の向上と効率化」，「行政経営の品質」や「教育の質の見直し」等，質的向上を求める対象は，今や製造業に限らず非製造業や公共機関にまで拡がりつつある[14]。では，なぜクオリティ・マネジメントが，企業や組織体の運営に効果的な影響を与えると言えるのだろうか。

その理由の一つは，「質と生産性と競争力」のつながりにあると考えられる。戦後，日本の産業界はどうしたら品質の高い製品を経済的に作ることができるかを学び，経営者と従業員が一体となって品質改善と取り組んだことによって，「質と生産性と競争力」を獲得してきた。また，デミングが，1980年代に国際競争力を失って経済が危機的な状況にあった米国を救うために，「質と生産性と競争力」を中心とした経営哲学をまとめ，セミナーを通じて米国の経営者に語りかけて意識改革を図ったことが，1990年代の米国産業の再生につながる動きになったとされる[15]。「望ましい良質な品質とサービス」を得ようとする消費者の基本的な欲求があり，そのニーズを企業側がしっかりとらえて「質と生産性と競争力」を高めたことによって戦後の日本は高度成長を遂げ，一方1980年代の米国は国際競争力の回復の足がかりを得たといわれる。この2つの事実からも，「質と生産性と競争力」を唱えるデミング理論の正当性が裏付けられ，本書の理論的拠り処とする所以である（Yoshida, 1993／1995）（宮川・吉田, 2004）（Miyagawa, Yoshida, 2005）（宮川, 2008, pp.115－116）。

第6章 クオリティ・マネジメントによる人と組織の活性化

第2節 人と組織の活性化の具体策

1 働きがいを高めるCDGM

　本章の第1節で，人と組織を活性化する条件について「企業理念の共有，リーダーシップ，一体感ある組織，モチベーション，チームワーク，自己啓発」等のキーワードを挙げたが，企業組織はこれ等の条件をどのようにして備えることができるのであろうか。ここに「人と組織の活性化を図る」具体策の一例として，ジョイ・オブ・ワーク推進協会の唱える，Creative Dynamic Group Method (CDGM) という小集団活動を紹介する。

　ジョイ・オブ・ワーク（働く喜び・働きがい）という概念は，「組織全体の目的をより効率的に達成するために，人間尊重と和の精神に基づき，CDGMなどのチーム活動を通して，働く人に自己実現及び仕事の喜びを享受する機会を与えると同時に，内因性モチベーションによって彼等の勤労意欲及び創造性を最大限に発揮させる事により，組織体の競争力をつけようとする経営の考え方」である[16]。「現地・現物」と言われるように，企業組織の現場における問題の把握や解決策の着実な実施には，日々作業に携わっている人々が問題意識を持って継続的に改善をしていく体制づくりが重要な意味を持つ。こうした考え方を踏まえて，小集団活動を通じて個人を教育して質的向上を図り，「組織と人」の活性化を図るマネジメント手法に注目するものである。

　CDGMは，「質と生産性の向上を図り，国際競争力強化を目的とする，あらゆる組織において応用可能」な方法であり，QCサークルの持つ「出来具合が評価される，やらされ感が強い」等の短所を棄却して長所を取り入れた，「デミング経営哲学と日本の経営文化の融合体であり，ＴＱＭの本質」である（吉田, 2005, pp.69-88）。職場の改善活動を通して，従業員の創造力を最大限に発揮させて働きがいのある職場を作り，その結果として組織全体の競争力を向上させることを目的としている。つまり，新しいことを学んだりより高度の問題

を解決できた時，従業員というより一人の人間として達成感や自己実現の満足感を味わうが，この達成感が創造力を高め，組織としての競争力を向上させるという考え方を基盤としているのである[17]。

CDGMでは，以下の3つの基本理念を前提としている。
- 基本理念①：満足した従業員のみが顧客を満足させられる
- 基本理念②：組織の生産性・質の向上の根源は，職場で働く人々である
- 基本理念③：もともと競争的な人々を協調的にすると，組織全体の生産性は高まる

CDGM活動は，通常5〜6名で1チームを構成する小集団活動であり，課題の洗い出し，取り組みテーマの決定，特定要因の分析，根本原因の把握，アクションプランの決定・行動，効果測定のステップを踏みながら，3か月〜半年で1サイクルを実施する。チーム員が協力し，TQM7つ道具に代表される統計的手法を用いて，データの収集・統計処理・分析を行い，仮説・推論を立てて実際に行動して観察・検証する。その結果を話し合い，改善策（誰が／何を／どのように／何時までに行うか）をチームで決めて実践する，というPDSA（デミングサイクルと呼ばれPlan-Do-Study-Actを意味する）を回すことで，問題を解決していく方法である。CDGMは，職場の改善活動を通してチームメンバーの創造力を最大限に発揮させ，働きがいのある職場を作り，その結果として組織全体の競争力を向上させることを目的としている。自分達で問題を解決したり業務を改善したりして達成感を味わい，その達成感が次の新しい問題への挑戦の原動力となる。これらの活動を通してグループが長期的に成長し続け，また，個々の人間としての問題解決能力の向上が期待されるというものである。

2　人と組織の活性化を図るマネジメント

TQMの考え方に沿って運営されるCDGMは，仲間と協力してPDSAを回して問題を解決し，仕事のやりがい（Joy of Work）を高めていく効果が期待される小集団活動である。TQMは，勤労意欲を外因性モチベーション（昇進や金銭

の報酬）ではなく，内因性モチベーション（自分の満足感，仕事への誇り）によって引き上げる手法であり，産業界のみならず政府・公共機関の公共サービスにおいても，現場での問題解決能力を高め仕事のやりがいを高める方策として注目されている（吉田,2005)(宮川，2008)。

3　CDGM手法の有効性

(1)　CDGMによる人と組織の活性化

　では，実際にこのCDGMは，人と組織の活性化に有効な活動と評価されているのであろうか。2005年10月に企業活力研究所と我われ研究グループが開催したシンポジウムにおいて，実際にCDGM活動を実践したパネリストから経験談の発表があった。その特集記事が『人材教育』に掲載されているので，一部を引用する（JMAM人材教育，2006, pp.46－47)。

- ＮＴＴコムウェア　Ａ氏：以前からＱＣ活動を行っていて，社員はアレルギー状態だった。またやらされるのか，成果をださなければならないのか，という疑念があったが，CDGMは非常に楽しく社員にはとても人気がある。継続すると，一回目，二回目とそれぞれ発見があり，だんだん自分が変わっていくのが見える気がする。
- ＮＥＣ　Ｂ氏：社員一人一人のやる気，活力をいかに挙げていくかが最大の課題になっている。これまで2年間CDGMのセミナーをやっており，1年目300名，2年目300名，関係会社を含む総勢600名が講義を受けている。これは，参加者一人一人が自主的な声で催されていて決して強制ではない。このような活動が続けられていることを考えると，形ではない実際の成果がでてきているといえる。
- ＮＥＣ　Ｃ氏：CDGMを経験してわかったことは，過去のものは分析型で，みんなで検討してもなかなか終わりがこなかった。CDGMは，ブレーンストーミングをやって親和図を使い，すぐ出来ることをすぐやる。すぐ出来ることをすぐやるとすぐ成果がでてくるので，前に進み，みんな楽し

第Ⅱ部　人の意欲とイノベーション

くなる。成果が出てくると楽しくなってくるようで，黙っていた人も意見を言うようになっていった。すぐ出来ることをやると何をやったか形に残る。また，成果があがるということで仕事が進む。

(2) 大学院でのCDGM実践

筆者がこれまで担当してきた大学院での「組織と人材開発」の講義では，組織と人材マネジメント及びクオリティ・マネジメントについて解説し，CDGM方式を紹介して，実際に5－6人のグループに分けて，問題発見・問題解決の手法を体験してもらっている。期間も14週間と限られた授業の中でのやりくりとなり，異なった職種，年齢，環境や価値観の違いがあって，小集団活動を進めるには制約が多かったが，期待以上の成果を確認することができた。社会人として働きながら大学院で学ぶ意欲的な院生が，CDGMを体験した感想を述べているので以下に示したい[18]。

D氏：授業でのCDGM活動を通して，短期間ではあるが非常に有意義なプロセスを経験でき，充実した活動内容であった。目標をチーム全員の主体性（実現したいと感じていること）から設定したことが，納得感につながり最後までモチベーションが低下せず継続できた理由と考える。また，活動を通して使用したQC7つ道具や新QC7つ道具は，QC活動の中だけでなく使用可能な有用なツールであることを確信した。

E氏：人材育成のための手法として理論的であり，効果測定のできる数値管理があるため目指す指標が分かりやすく，プロジェクトを成功させるのに有意義であると思えた。その結果により「BEFORE AFTER」を「パレート図」の作成により視覚化でき，はっきりとした効果測定ができる。最終的に各自「発見事実」を発表，シェアすることでお互いの評価とともに仲間意識も生まれ，スタート時には思いもつかなかった団結力までもが生まれた。このCDGMを成功させるためには，リーダーの存在の重要性（リーダーシップ），そしてメンバーの自主性が必要であると感じた。会社組織でプロジェクトを組み，目指す成果

第6章 クオリティ・マネジメントによる人と組織の活性化

を求めるプロセスとして有益な手法であることを実感した。

F氏：会社で小集団（QC）活動をしている経験から，最初はCDGMのようなやり方で会社が求める成果が出るとは思えなかった。しかし，実際にCDGMを行ったことや人材マネジメントの講義を受けた後に，QC活動とCDGMの活動は目的の違うものであることが分かった。QC活動はその活動自体が成果主義であり，活動からもたらされる成果は企業のコストへ反映されて「顧客満足」を目的とするが，CDGMは従業員の「仕事の喜び」，「働きがい」を第一に考え，「従業員満足」を目的としている。CDGMの自由な取り組みを通じて，CDGM参加者の満足度向上につながったと感じている。企業の成果を求めるためには，従業員の自己実現（仕事の喜び，働きがい）が必要であり，従業員に仕事の喜びや働きがいを感じさせる手法としては，QC手法よりもCDGMの方が有効であると実感できた。

以上，CDGMの効用についてのコメントを引用したが，一部には「CDGMは，トップのバックアップがないとうまくいかないのではないか」という効果を疑問視する声もあった。確かに，組織全体の活性化につながったとする企業の場合，トップのリーダーシップによってこの活動が導入され，CDGMの理論と実践をしっかり学んだ専門家の指導を受けてきたという例が多いことも事実である[19]。こうしたことから，導入にあたっては慎重に検討して職場の理解を得たうえで展開することが望ましく，本書では，人と組織の活性化を図る具体的施策の一つとして紹介するものである。

第Ⅱ部　人の意欲とイノベーション

第3節　クオリティ・マネジメントの実践と成果

1　TQMの実践と成果検証

　本節では，経営の質・製品／サービスの質・人的資源の質を高める手法といわれるクオリティ・マネジメント（TQM）を実践することで，どの程度成果に貢献するのかについて過去の検証データを示して論述する。我われ研究グループは，中国や米国という政治・経済・文化の異なる土壌において，日系製造企業ではどのようなクオリティ・マネジメントが実践され，成果にどのように結びついているのかを調査した。クオリティ・マネジメントが経営に与える貢献と成果について，日本企業の直接投資によって設立された，在北米現地法人32社から得られた2007年の調査結果と，2002年の在中国日系製造企業52社から得られた回答とを比較したものである。この調査では，リーダーシップ・品質情報の活用・戦略性・人的資源開発・品質保証・サプライヤーとの関係・顧客満足・公共責任そしてTQM成果（競争力・市場占有率，取引維持への貢献度・コストの削減・利益の増・従業員満足等）118項目について質問し，5段階で自社を評価して回答してもらう方式をとった。回収データをもとに，8つの項目を中心とした具体策を実践すればするほど社内的・社外的成果が向上するという，MBAモデルに沿った仮説にもとづいて相関関係を探った[20]（宮川・吉田，2004）（Miyagawa, Yoshida, 2005）（宮川，2008）。

2　発　見　事　実

(1)　統計的分析結果と調査結果

　図表6－4の「TQMの貢献・成果比較表」にまとめたように，TQMの実践を3年以上行っている企業は，在米国日系製造企業，在中国日系製造企業いずれの場合も9割に達していることが分かった。

第6章 クオリティ・マネジメントによる人と組織の活性化

図表6-4 TQMの貢献・成果比較表

アンケート内容	2002年在中国日系企業	2007年在北米日系企業
TQMの実践を3年以上行なっている	90%	91%
戦略計画にTQMを積極的に反映させている	81%	81%
会社の取引関係維持にTQMが貢献している	75%	66%
TQMが業績成果に貢献する度合いが高い	62%	63%

出所：宮川（2008, p.142, 図表5-4）

　そして，戦略計画にTQMを積極的に反映させているとする企業は，いずれの場合も81％，TQMが業績に貢献しているとの回答もいずれも62％程度であったことから，大半の企業が，TQMの実践が業績成果に貢献していると感じていることが分かったのである。また，回帰分析を行った結果，本研究の対象日系製造企業では，特に人的資源の活性化（全社的展開・従業員参画・教育訓練）の程度が高いほど，及び品質保証体制（工程品質・設計品質）の徹底の程度が高いほど，企業成果（社内的成果及び対外的成果）が上がる可能性が高まることが判明した。これは，人的資源の活性化によって従業員の教育・訓練が行き届き，従業員が品質を造り込む意識が高まることで生産性が向上して市場競争力がついたこと，またそれが，取引先からの選好性を高めることにつながって，結果として売上げ利益が増大し，市場シェアの拡大が達成されたことを示すものである。

　調査データは3年以上前のものであり，調査対象も限定的であるが，クオリティ・マネジメントによる人的資源の活性化の程度が高い程企業成果も高くなるという実証結果は，本書のテーマに関連する「人と組織の活性化」にTQMが有意性を持つことを示す証左となろう。

(2) **事例から学ぶこと**

　東芝やパナソニック[21]，トヨタグループのようにTQMを実行している企業，特に人的資源を尊重している企業と，我われ研究グループの調査で浮かび上

第Ⅱ部　人の意欲とイノベーション

がったTQM実践で高い成果を示した企業グループとの間に，多くの共通点を見出した。東芝が，中国遼寧省大連に設立した東芝大連における事業運営の成功の鍵は，グローバル企業としての経営理念の明示，中国社会への貢献，人間尊重経営を実現するクオリティ・マネジメントの実践，そして人的資源の活性化であった。活発な小集団活動によって従業員一人一人の能力開発と弱点是正が促進されたことで，中国の事業会社が日本の親工場を超える生産性・不良率を誇るまでになり，事業収益にも貢献したとされる（荒川, 1998）。

日本の企業は，どうしたら品質の高い製品をより効率的に作ることができるかを試行錯誤の過程で学び，経営者と従業員が一体となって品質改善と取り組んできた。こうした調査を通じてクオリティ・マネジメントの実践が，洋の東西，イデオロギーの違いを問わず，企業組織の成果に有意な影響を与えることが確認された。これにより，クオリティ・マネジメントが「質と生産性と競争力」を上げ，経営の全体的質を向上させる経営管理手法の一つであり，CDGMという小集団活動が，人と組織を活性化させて個人の持つ潜在能力を引き出し，創造力を高める具体的施策として有効であるという考えを支持するものである。

〔注〕
1） CDGM＝Creative（創造的で）Dynamic（成長し続ける）Group Methodとは，QCサークルの長所を取り入れて短所を棄却した小集団活動であり，構成員のやりがいを高め問題解決を図る管理手法の一つである。詳しくは，第2節で解説する。
2） 吉田耕作（2000）『国際競争力の再生』日科技連，20−28頁を参照。
3） 西等（1993）が「経営の最終目的は，人間社会に貢献することである」との基本認識を示し，経営とクオリティとの関係を「企業は，人間の豊かで健康な生活を意味するクオリティ・オブ・ライフを保証する為に，客のニーズを十分に把握し，客の満足する品物の品質やサービスを提供する任務を負う」と説明しているように，クオリティ・マネジメントの概念は極めて広範囲に及ぶ。
4） 日科技連が1996年に組織した「TQM委員会」が，それまでのクオリティ・マネジメントの総称であったTQC（Total Quality Control）をTQMに呼称変更する検討を行い，1997年に『TQM宣言』として公開した。よくまとめられているので，重要事項のみ引用する（TQM委員会, 1998, pp.60−77）。
5） TQMにおける人的資源管理は，以下のような要素を持つと示されている（TQM委員会, 1998, p.269）。

第6章　クオリティ・マネジメントによる人と組織の活性化

① 経営における"ひと"の位置づけ：人財（最も重要な経営資源としての人材）適材適所
② 教育・訓練：能力育成，多能工化・多部門化，教育・訓練の計画・評価・フィードバック
③ 人の尊厳：ＱＣサークル活動，志気・意欲，リーダーシップ，自主性・創造性の尊重
④ 一人一人の参画：自己の職分の理解，経営管理への参画，職場の諸活動への積極的参加

6) ＱＣ／ＴＱＣ／ＴＱＭの境界では，重複する部分やグレーな部分も多いが，クオリティ・マネジメントの特徴を理解する参考資料として示す（ＴＱＭ委員会，1998）（伊藤嘉博，1999）（西，1993）。

7) ＴＱＭにおいて重視される戦略的方針管理は，「経営基本方針に基づき，中長期的経営計画や短期経営方針を定め，それらを効率的に達成する為に，企業組織全体の協力のもとに行われる活動」と定義される（長田他，1996，pp.2－6）。

8) デミング理論の中心となるのが，デミングの連鎖反応論である。「生産機械の故障を出来る限り少なくし，絶えず誤りを少なくして品質を向上させる。⇒手直し・誤り・遅れ・故障の減少と，機械運転時間及び材料の効率的利用によるコスト低減⇒生産性向上⇒高品質・低価格で市場確保⇒市場での地歩確立⇒雇用の増大につながる」とするもので，性善説と人間尊重の立場をとり，全員参加での品質重視の経営を提唱した（ウォルトン，1987）。

9) 日本のデミング賞に学び，米国連邦政府が国際競争力を高めるために，質経営において優れた成果を上げた会社に与えるために制定した賞である（吉田，2000，pp.143－145）。1987年8月にレーガン大統領が署名したマルコム・ボールドリッジ全米クオリティ法によって制定された。

10) 日本のデミング賞と米国ＭＢ賞との比較については，「デミング賞は品質向上のための極めて実践的な"How to do"を求めるプロセス志向型であるのに対し，ＭＢ賞は対象を広く経営品質に拡大し，その"what to do"を追求する目標志向型」と解釈されている（ＴＱＭ委員会，1988，p.333）。ボールドリッジ賞の受賞者にはＧＭ，FED EX，モトローラ，ウェスティングハウス，ゼロックス，リッツカールトン等米国のグローバル企業が挙げられる。

出所：Malcolm Baldrige National Quality Award The 2009－2010 Criteria for Performance Excellence
http：//www.baldrige.nist.gov/PDF_files/2009_2010_Business_Nonprofit_Criteria.pdf

11) このＭＢ賞モデルは，クオリティ・マネジメントの実践と成果との相関関係の有意性を検証する際に，分析スケールとして用いられている。米国・カナダ・メキシコ・中国・香港での調査で分析スケールとして使用されたモデルであり，我々研究グループも2002年7月に在中国日系製造企業200社を対象としたリサーチ，及び2007年8月の在米国日系製造企業200社を対象としてＭＢ賞モデルをベースとした検

第Ⅱ部　人の意欲とイノベーション

　　　証を行った経緯がある（宮川，2008，pp. 136-150）。
12)　品質経営（Management by Qualityと表記）という考え方は，「品質によって利益を生み出す事業の基盤を確立し，企業の継続的発展を行っていこうとする経営」を意味する。久米（2005）は，顧客指向，継続的改善，全員参加を活動要素とするＴＱＭにプラスアルファした考え方であると述べている。
13)　トヨタグループでは，分かり易く品質重視の考え方を説明し，海外事業会社においても普及徹底させる工夫をしている。「全員が協力して品質の良い製品を作ることで得意先から信用を得，その評判を聞いた他社からも注文が来るようになって，売り上げが向上する。売り上げが向上すれば業績が上がり，従業員の雇用の安定が果たせるというグッドサイクルができる」という品質重視の考え方である（宮川，2008，pp. 120-123）。
14)　米国の「マルコム・ボルドリッジ国家品質賞（ＭＢＡ）賞」の評価手法を参考に，社会経済生産性本部が中心となって「日本経営品質賞」を創設した。それを行政運営にも応用した行政経営品質向上活動も展開されている。
15)　デミングは著書"Out of the Crisis"の中で，米国の企業はマネジメントスタイルを変え，政府と産業との関係を変えることしかないと訴えて「マネジメントの14のポイント」をベースとした経営論を提唱した。まず「経営陣が変わり，品質と生産性を改善し，そして会社の競争力を上げるよう行動しなければならない」として，経営改革におけるリーダーシップの必要性を説いたのである。そして，クオリティの改善は「時間当たりの作業者の仕事量や機械稼働時間のムダを良品の生産やより良いサービスへと移しかえていく」ことを意味し，その結果が「コスト低減，市場競争力の強化，職に付く人々が更に幸福になることにつながるのである」と説いている（Deming, 1986）（Yoshida, 1995）。
16)　吉田（2005, pp. 69-88）を参照。出所：ジョイ・オブ・ワーク推進協会　http://www.joy-of-work.com/jowpa/index.php
17)　吉田（2005）を参照。この手法は，日本においては既にＮＴＴデータ，ＮＴＴコムウェア，ＮＥＣ，日本政策投資銀行など大手をはじめ，ナリカ（旧中村理科工業）やサカイ産業など中小企業でも採用され，実績を上げている。
18)　ＣＤＧＭ活動に関する受講者の所感を集め，掲載対象となった所感を各位の了承を得てその要約文を掲載した。
19)　吉田（2005, pp. 74-84）を参照。
20)　先行研究としてEvans（1997, pp. 13-25）のＭＢ賞基準のフレームワークを参考とした。ＴＱＭの成果を高めるためには，まずリーダーシップ・戦略性・顧客市場重視の３つの役割・作用が統合されることが重要で，それが，組織内のマネジメントと人的資源の開発のプロセス・マネジメントにつながり，結果に反映するというリンケージ（関係）が報告されている。このEvansの因果関係モデル及び，Douglasの分析手法に準じて解析を行った（Douglas, 2001）。具体的には，主成分分析で導かれた企業の成果を構成する２つの要因である，社内的成果と対外的成果を各々従属変数とし，その他のＴＱＭ施策を説明変数として回帰分析を行った。ＴＱＭ施策を実践するこ

第6章　クオリティ・マネジメントによる人と組織の活性化

とで，社内的・対外的成果其々に影響を与える程度を数値で測り，その中から社内的成果と対外的成果双方に大きな影響を与える説明変数を探ることとした（宮川, 2008, p.148）。

21) パナソニック（旧松下）は，2009年度に日本科学技術連盟が実施し，日本経済新聞社が協賛した第5回「品質経営度」調査の結果，2004年度以来2度目の首位になった（調査は国内の有力製造業と建設業600社を対象に6月1日～7月31日にかけて実施し，225社から有効回答を得たものである）。これは，競争力や企業価値を左右する「製品やサービスの品質」を高める仕組みや実施状況を数値化し，経営者の関与の度合いや現場の管理や改善活動など6項目に分けて分析したデータをまとめてランク付けした結果である。パナソニックは，人材育成や不良品の発生防止，クレーム情報の活用など，品質を維持・向上させるための取り組みが高く評価された。2009年度「働きやすい会社」の総合ランキングでも同社が首位と評価されており，同社の経営努力の成果と認められる（日経新聞，2009年10月1日付朝刊）。

第 7 章

自己啓発とイノベーション

　戦後しばらくは，生きていくため，食べていくために働くという労使関係を前提として，「会社人間型」の管理型人事体系の中で生きてきた人々が多かったこと，それがポストモダン化現象の中で「自分の人生は自分で決める」という考えを持ち，人生の目標達成のために自分の能力を磨こうとする「自己実現型」の人が増えてきたことを第5章で述べた。そして人の意欲と行動のメカニズムを分析するために，マズローの欲求階層説や遺伝子学からの知見及び脳科学をベースとした諸説を紹介した。マズローが唱えた自己実現をしている人々とは，「才能，能力，可能性を充分に用い，また開発している」人々であり，例外なく「創造性・独創性」があったことにも触れた。このことから，「いかに自己を啓発していくべきか」が人と組織の能力を高めるキーポイントであると考え，本章では，自己啓発やイノベーションを創発する人材開発について，組織はどのような取り組みをすべきかについて述べる。

第1節　自　己　啓　発

1　人材開発と自己啓発

(1)　自己啓発の概念

　繰り返しになるが，マズローは組織の中で個人の創造性が抑圧されると，その人のパフォーマンスが低下して組織が持てる能力をフルに発揮できなくなる

ため,「従業員や組織が,本来備えているはずの創造性を取り戻せるよう支援すること」の重要性を説いた。こうした心理学の視点からも,経営学からのアプローチにしても,組織における人材開発と個々人の自己啓発という考え方は,21世紀を迎えてますます重要になっている。

　人材育成,能力開発の原点として認識される自己啓発(self-development)とは,「啓発目標に向けて自らが努力する過程,すなわち,個々人が自ら努力する学習の過程」を意味している(梶原,2004)。社会環境の変化,経営環境の変化が速くすすむ現代社会では,常に個々人が学ぶ意欲と実際に学習する行為が備わってこそ,環境変化に適用し得る生き方ができるようになる。したがって,企業における能力開発活動は,社員自身の考えや人生観を尊重したキャリア開発等の支援をする配慮をもって取り組まれるべきである。また個々人としても,ライフキャリアを設計して自らの意志と努力によって環境変化への適応力を高め,向上させるべき能力開発目標を明確化する必要がある。

(2) 人材開発と自己啓発支援

　企業組織の中で,社員が働きがいや生きがいを持って働けるようにするためには,社員のニーズとそれを支援する会社側の人的資源管理の取り組み施策とを適合させることが重要である。現行の人材開発システムと能力開発の取り組みは,どのようになっているのであろうか。以下,梶原(2004)の分類に沿って説明する[1]。

① 自己啓発支援制度

　自己を啓発するための支援策としては,業務に直結した知識の習得や能力開発(問題解決能力,創造性の開発等),情報収集等を目的にした社内外のセミナーや研究会等への参加斡旋,参考図書(文献)の紹介,技術や技能の習得,資格の取得に必要な講習会への参加,通信教育の受講奨励等の活動があり,一般的には,それらの活動に要する経費面の補助が得られることが支援策の中心になっている。また,中高年齢者を対象にした生活設計教育,ライフ・プラン教育,退職準備教育等,定年退職後の再就労を目的にした職業能力開発コース等も自

己啓発活動として位置づけられるケースがある。

② 自己申告制度

　この制度は，定期的に自らの仕事内容や適性等を自己分析・評価して，海外勤務や他部門への配置転換，能力開発等の希望を申告できる制度である。社員としてはキャリア開発との関連で，会社側に決められた職務に限定されずに自己の能力開発や持てる能力を発揮する機会を求める制度として，また会社側としては，埋もれた人材や社員の隠れた適性を見出すための手段として極めて有効である[2]。

③ 人事考課制度

　人事考課は単に個人の業績評価のみならず，人的資源管理活動における人材開発や能力開発機能を持つ制度とされている。ノルマや強制的な目標設定は，社員のやらされ感を強める危険性があるため，考課をする者と考課される者との間での納得性の高い目標設定や評価が行われることが前提要件であり，信頼関係の構築によってこの制度が能力開発や目標達成への動機づけ要因になると考えられている。

④ 小集団活動による能力開発

　小集団活動は，「生産性向上，モラールの向上，安全衛生意識の向上と徹底，組織風土の転換，職場活性化等々を目的にして実施される」ものであり，その成果としては，「職場内のコミュニケーションと人間関係の円滑化，モラールの向上，問題意識の高まり，改善への気運の高まり，安全意識の向上，原価意識・時間管理の徹底等」が挙げられる（梶原，2004）。第6章において詳しく説明した通り，小集団活動の展開によって組織として個人としての質的向上が図れ，一体感をもって目標の策定や実施が行われることから，組織能力と個人能力の開発を同時に達成する手法として注目されてきた。

2 人と組織のエンパワーメント

(1) 人のエンパワーメント

　グローバル競争が激化しますます厳しくなる経営環境において，ヒトもコストとみて削減の対象とする企業の動きがあるが，前章で述べてきたようにあくまで人的資源は企業競争力の源泉であり，人々のモチベーションを高めることでイノベーションを創発させ，生産性を向上させることが長期的に見て選択すべき戦略である[3]。Empowermentは，権限・能力を与えることを意味するが，ここではエンパワーするということを「人々の潜在能力を引き出して自由に解き放ち，崇高な目的や自己実現を達成できるような環境を作り出すこと」とする渡辺(1994)の定義を採用する[4]。「動機付けをされる」という意味合いで使われるモチベーションよりも，潜在能力を引き出して自己実現を達成するような働きかけをするという意味を含むエンパワーメントの方が，一歩踏み込んだ積極的ニュアンスが感じられる。

(2) 組織のエンパワーメント

　景気が低迷するとすぐに人員削減のためのリストラやリエンジニアリングに走る企業が多いが，企業経営者には，今一度人的資源の重要性を認識し，長期的視点に立ってその能力を開発し育成していく姿勢が求められている。エンパワーされた働き手は「既存の発想と組織のしがらみから解き放たれ，活き活きと働くようになり，人間が本来持っている無限の可能性を引き出して，環境変化に右往左往することなく，内から爆発する内破の力で絶えず生成変化を遂げる」といわれる（渡辺，1994）。企業組織は，次なる飛躍に備えて組織と人のエンパワーメントにより組織と人の活性化を図るべきであり，特に次世代を担う人材の活性化を図る仕組みづくりが急がれる。

第7章　自己啓発とイノベーション

第2節　次世代人材の育成

1　日本を取り巻く環境の変化

　日本経済の景気低迷はバブル崩壊後の1990年代から続いており，この長期景気停滞期に多くの企業は選択と集中方針によってスリム化を進め，新卒採用枠の縮小や外部労働市場から正規・非正規の人材を調達してきたことから，いびつな組織の人員構成や複雑な人事体系を持たざるを得ない状況が続いた。一方で，思うような就職ができない若者は挫折感を持ち，狭き門を通って入社した新入社員にしても，その約3割が働きがいを感じられずに3年以内に辞めてゆくという問題を抱えている。少子高齢化による労働人口の空洞化とそれに伴う社会活力の低下，先が見えない閉塞感が社会全体に漂っている。次世代を担う人々が働きがいと生きがいを持って社会生活を営み，社会的使命感や将来への夢が持てる社会や会社組織の仕組みを整備することが急務である[5]。

2　日本の国際競争力の低下

　国際競争力とは，「その国の企業にとっての更なる価値創造や，その国の人々の更なる繁栄を支える環境を創り上げて保持する力」であり，1991年当時国際競争力第1位と評価されたわが国は，この18年で大きく順位を下げて2009年は17位にランクされている。

　『「甦れ，日本！」危機的な日本の現状－このままでは，日本は東洋の老小国へ』という一文は，中央教育審議会による答申の引用である[6]が，日本の存在感が次第に弱まっていく中で，21世紀の国際的「知の大競争時代」をたくましく生きてゆく次世代人材育成の具体策が，今求められている。平成15年3月当時の中央教育審議会は，わが国が直面する社会と教育の危機に対処して，「21世紀を切り拓く心豊かでたくましい日本人の育成」を目指して，以下5つの目

第Ⅱ部　人の意欲とイノベーション

標実現に取り組むことを答申した[7]。

① 自己実現を目指す自立した人間の育成
② 豊かな心と健やかな体を備えた人間の育成
③ 「知」の世紀をリードする創造性に富んだ人間の育成
④ 21世紀の国家社会形成に主体的に参画する日本人の育成
⑤ 日本の伝統・文化を基盤として国際社会を生きる教養ある日本人の育成

いずれも当を得た目標であるが，残念ながら5年以上経った今，その目標が達成されているとは言い難い。そして平成20年度文部科学白書 (2009) でも，「国の将来を左右する教育は我が国のみならず諸外国においても政策上の優先課題」であり，「資源の乏しい我が国では，人材への投資である教育は最優先の政策課題の一つである」という認識は変わっていない。「社会を支え，発展させるとともに，国際社会をリードする人材を育てる」ことは，教育機関だけの課題ではなく，本書の研究テーマである人と組織のあり方にもつながるものであり，国家戦略として国，産業，教育機関が取り組まなければならない最重要課題である。

3　国際競争力と次世代人材育成

我われ研究グループは，企業・大学・有識者を対象として次世代人材育成に関するアンケート調査を行って2006年3月に提言としてまとめ，政府や産業界及び教育界に発信した（クオリティ・サクセス研究所，2006）。その報告書の中で指摘したことは，グローバル化が進行する中で，国際競争力を持った産業組織とそれを支える次世代人材の育成が急務であり，企業における人材開発・育成とともに，社会に出る前段階で高等教育においても社会人基礎力を鍛える必要があるということであった。特に，従来の大学院教育を含む文科系の高等教育においては文献研究が中心的活動になり，問題解決能力の向上という点が見落とされてきたことを指摘した[8]。文系学部の科目については，圧倒的に講義主体の「知識の習得」に時間が使われ，「仮説を立てて検証する」こと，「ブレー

ンストーミングによる問題解決能力の向上」という機会が少ないことも報告された。したがって，今後の文科系高等教育においては，専門知識やコミュニケーション能力等の基礎力に加えて，問題発見・課題解決能力，理解力，推理・洞察力，総合判断力等を身に付けた人材を養成し，国際競争力をつけていくことが課題となる。日本の製造業等の国際競争力は依然として高いと評価される一方，日本の公的機関や，金融，ソフトウェアを含むサービス産業等非製造業の生産性は低く，国全体の産業競争力は先進国の中で大きく劣っているのが実状である。国や企業の生産性や競争力を左右するのは人であるという認識から，1990年代に米国や北欧において，産業競争力を回復させるための教育改革プランが断行された事例があるように，わが国においても産学公を上げてグローバル市場で活躍できる次世代人材の育成を進める国家的取り組みが必要である。

4　社会的要請

(1)　社会で重視される能力

　国際競争力強化の視座をもって次世代人材育成を進める場合，専門知識を身に付けることも大切であるが，人格教育とともに変化の激しい時代に求められる課題発見・問題解決能力を向上させる方策が望まれる。企業の管理職や専門職に就く多くの大卒ホワイトカラーが，どのように専門性や問題解決能力を向上させるスキルを身に付けていくのかについての調査報告によれば[9]，日本の場合，部長職に就くまでに社内の営業・企画・管理・製造等の異なった職能を数回経験するＯＪＴを通して，幅広い専門性・問題発見・課題解決能力・変化への対応力・総合判断能力が涵養されていく例が多いという。これは，社内の多くの部署で協働し，コミュニケーション能力を発揮して能力開発と人脈形成を行うことで，管理職にふさわしい問題解決能力を身に付けていくものと見られる。不確実性の時代であり変化への対応が企業価値を左右することから，組織の運営に携わる管理職に求められる能力は，①スピードのある理解力，②データを集めて真因を追究していく推理力，③洞察力・総合的判断力等多岐に

わたり，社会的要請として産学公の積極的取り組みが期待されている。

では，企業で重視される能力とは具体的にどのようなものなのであろうか。

日米の企業を調査した結果，求められる能力トップ4は，積極性，コミュニケーション能力，行動力，問題解決能力であった[10]。これから分かることは，日本と米国の企業が求める能力は基本的には同じであり，高等教育においても，専門知識や人格教育を身に付けるとともに，課題発見・問題解決能力・コミュニケーション能力といった社会人基礎力を向上させることが重要である。

(2) 働きやすい会社

一方，社員からみた働きやすい会社とは，どのような会社であろうか。

2005年度の調査結果であるが，社員が働きやすい会社として，松下電器（現パナソニック）が首位の評価を得ている[11]。その評価のもととなるのが，「人間尊重の視点で，社員一人ひとりが創造性や専門分野を思う存分発揮できるよう，チャレンジする風土」「事業を通じて社会に貢献する，という経営理念」「社員がいきいきわくわくと仕事ができる場」というキーワードである。この例からも，「社員が尊重されており，遣り甲斐を持って仕事ができ，自己実現ができる場」を提供できることが，働きやすい会社の条件であることが分かる。

5 企業で求められる能力

企業が新卒者の採用に当たって求めるニーズと，学生が採用される側として抱いている就職についての認識，そして大学の教職員が就職支援の際に持っているべき認識との間に差異はないだろうか。ここでは，企業で求める能力，つまり社会人基礎能力とはどういうものか，について述べたい。

(1) 就職社会人能力

厚生労働省が平成16年より進めている若年者就職基礎能力支援事業（YESプログラム）は，企業が若者に求めている就業能力を明確にし，就職に際してあ

第7章　自己啓発とイノベーション

る程度の即戦力的能力や会社への適応力をつけるためのプログラムである（認定講座修了者には，厚生労働大臣の判が押された証明書が発行される）。企業にとっても新入社員にとっても，社会人としての基礎的知識を身に付け，会社や仕事に適応し，即戦力になれるようなプログラムとして歓迎されている。ここで求められている能力とは，協調性や自己表現能力を含むコミュニケーション能力と，責任感・向上心を含む職業人意識である。これに，読み書き・計算／数学的思考力・社会人常識・ビジネスマナーを含めたものが，「社会人能力」であるとしている。

(2) 社会人基礎力

また，経済産業省によって「職場や地域社会の中で多様な人々とともに仕事を行っていく上で必要な基礎的な能力」と定義された「社会人基礎力」は，「前に踏み出す力」，「考え抜く力」，「チームで働く力」の3つの能力を指している。

「前に踏み出す力（アクション）」としては，主体性・働きかけ力・実行力，「考え抜く力（シンキング）」としては，課題発見力・計画力・創造力・新しい価値を生み出す力，そして「チームで働く力（チームワーク）」としては，発信力・相手の意見を丁寧に聴く力・意見の違いや立場の違いを理解する力・情況把握力・規律性・ストレスコントロール力等が挙げられている。

(3) 大卒ホワイトカラーに求められる能力

では，実際にビジネスの現場で必要とされる能力というものは，どういう能力を指すのであろうか。小池他（2002）によると，『日米英独比較のホワイトカラーの人材形成』を調査した結果，総合的判断能力・問題解決能力・変化への対応力を中心とする以下の5つの能力が重要になる，ということが報告されている[12]。

① 問題の要点を「すばやく」理解する力
② 問題に関する原因を推理する力
③ 洞察力

第Ⅱ部　人の意欲とイノベーション

④　スピードある決断力
⑤　リスクを取る能力

　以上を総合すると，社会人として求められる能力の主なるものは，コミュニケーション能力・総合的判断能力・問題解決能力・変化への対応力，創造力等であることが分かる。変化への対応力や創造力は，入社後に経験知を積み上げていく過程で身についていくものであり，こうした人材の能力を充分に引き出せる組織能力と仕組みが，企業の競争優位性を左右すると言えよう。

第3節　人と組織のイノベーション

　本節では，これまで経営学分野の組織と人材開発関連の文献ではあまり取り上げられなかった哲学や脳科学，遺伝子科学の関連情報も参考にしながら，「人材開発とイノベーション」のつながりについて考察してみたい。

1　イノベーションと組織

(1)　イノベーションについて

　イノベーションは，日本においては技術革新（正しくは technical innovations の訳）という意味で使われることが多いが，もともと innovation は，「新しい事・物の導入・革新」と訳され，「innovative＝進取の気概に富む」という意味に近い「知的価値創造の気概」ともいうべきニュアンスを持つものである。

　名倉 (2008) は，「イノベーションとは，新しい技術の発明だけでなく，新しいアイデアから社会的意義のある新たな価値を創造し，社会的に大きな変化をもたらす自発的な人・組織・社会の幅広い変革のこと」と定義している。したがって，イノベーティブな組織とは「こうした価値創造を育む土壌を持つ組織のこと」であり，自由闊達な組織の中での自発的研究を通じて，知的価値が創造されると考えられている。

第7章　自己啓発とイノベーション

⑵　イノベーションと組織文化

　では，イノベーションが生まれやすい組織文化とはどのようなものであろうか。

　組織の中が競争や効率優先でギスギスしているような雰囲気では，イノベーションは生まれにくい。社員が自由で自然にアイデアを交換し，発表できるような"場"を提供することで社内は活性化し，企業の原動力となるイノベーションが創発されると言われる[13]。

　野村総研（ＮＲＩ）は，上場企業を中心に百十数社，従業員十万人から入手した累積データに基づいて，組織風土・リーダーシップ・組織の学習能力を計測し，企業が中長期的に存続していくための条件や，企業価値を高めているイノベーション要因を分析・検討した結果について，以下のようにまとめている（名倉, 2008, p.20）。

　彼らは，「企業価値というアウトプットを生み出す背後には組織風土があり，この二つの相関を解析することにより，業績を上げる組織風土をより明確に示せるのではないか」との仮説のもと，企業業績と相関の高いマネジメントに関連する15の基本アイテムを抽出して，「成功する企業の遺伝子」と名付けた。さらにこの「成功する企業の遺伝子」を，因子分析などの多変量解析によって以下２つの活性度に分類した。１つは，企業の業績との関連性が強い指標で，環境対応意欲や目的達成意欲といった環境対応力を表す「戦略活性度」であり，もう一つは，社員の自立性，組織の風通しの良さなどを規定する指標で，社員の会社や仕事に対する満足度を表わす「組織活性度」である。多変量解析によって仮説の検証を試みた研究で興味深い相関がみられるので，彼らの分析結果の４つの組織分類を以下に示す。また，理解しやすくするために，筆者にて作図をして図表７－１として掲載した。

第Ⅱ部　人の意欲とイノベーション

図表7－1　イノベーティブ組織分類

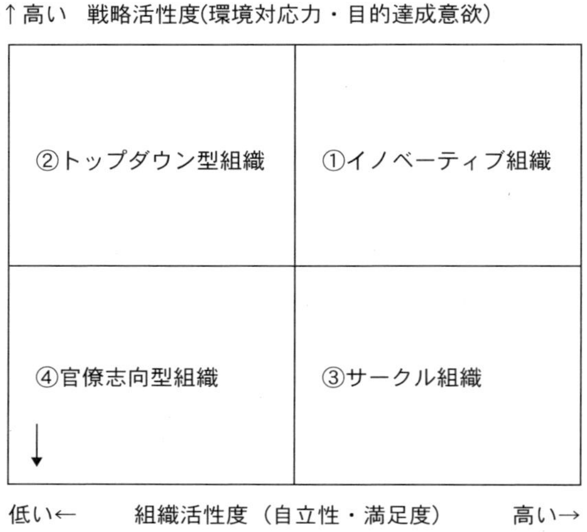

↑高い　戦略活性度(環境対応力・目的達成意欲)

②トップダウン型組織	①イノベーティブ組織
④官僚志向型組織　↓	③サークル組織

低い←　　　組織活性度（自立性・満足度）　　　高い→

出所：名倉（2008, p.24）の分類をもとに筆者にて作図

① いきいきタイプ：イノベーティブ組織

　個人と組織が共鳴している優良企業で業績も良く，まさにイノベーションを創発する組織である。ただし，このタイプの企業はあまり多くはない。

② 金太郎飴タイプ：成果主義のトップダウン型組織

　管理主導性や統制力が強く，トップダウン型の優良企業である。短期的には高いパフォーマンスをもたらすが，組織としての変化対応力や創造力は弱い。

③ 仲良しクラブタイプ：個人主導型のサークル組織

　このタイプの企業は，個人の自立性は高いが，戦略活性度が低いためベクトルがなかなかまとまらない。

④ 大企業病タイプ：官僚志向に陥っている組織

　規則やルールが多く，手続き志向が強い。組織活性度，戦略活性度共に低く，組織が硬直化している。

第 7 章　自己啓発とイノベーション

　この分析結果から，イノベーションが生まれやすい組織というのは，環境対応意欲や目的達成意欲といった「戦略活性度」及び社員の自立性，満足度を表わす「組織活性度」が高い，イノベーティブ組織であるということが明らかになった[14]。

　彼らは，イノベーション創発に優れたユニークな企業として，「イノベーションはボトムアップから」という哲学を実践している 3 M の経営を事例として挙げている。同社では，「新たな発見の種の段階から発芽させ，実を結んでいくにはそれにふさわしい人と組織が必要であるという＜栽培＞の考え方」を持っており，「社員の自立性や自主性に期待し，これを増幅させるような行動規範や理念をしっかりと植えつける。ボトムアップで創造的アイデアや知恵が出てくる雰囲気を整え，人間が本来持っている創造性に対する信頼を根底に置いて創造力をかきたてる感情を励起できるような仕事環境のリ・デザインが不可欠である」と述べている（ibid, p.216）。この「イノベーションは，社員の自主性を尊重してアイデアの種を育て，栽培して，実を結ばせる」という考えは，次の項で新たな概念として説明する Cultivation（耕やす，育成する）という意味合いに近く，モチベーション－カルチベーション－イノベーションの相関性を説明する概念を裏付ける事例として注目したい。

(3) イノベーションの創発

　前述のように，日本におけるイノベーションの概念は，技術革新という狭義の意味合いで用いられるケースが多いが，新しい価値の創造こそがイノベーションの目的であるべき，とする考えを本書でも支持するものである。

　堀井（2009）は，「人々の生活や価値観を深く洞察し，新製品やサービス，ビジネスモデル，社会システムなどを生み出していくことで，人々のライフスタイルや価値観の変化を誘導する人間中心イノベーション」という概念を示し，「日本人の感性に基づく優れたモノやコトを次々に生み出していくこと，すなわち＜日本らしさの追求＞こそが，日本が追い求めるべき戦略」であると説いている。その中でも，イノベーションに溢れた企業文化を持つ企業の一つとし

第Ⅱ部　人の意欲とイノベーション

て紹介されている米国のカリフォルニア州にあるIDEOは,「誰もが独創的な部分を持ち,それを刺激するような社風をつくりだせば,その部分を開花させられる」という確信を持っている。よく観察しデータを集めて自分の考えをまとめ,仲間とブレーンストーミングを重ねて協働する場を提供することで,イノベーションの創生が促されると報告されている[15]。

　考えをかたちに落とし込んでいく時にイノベーションは創発され,完成したものが他の人に評価された時に幸福感を味わう,という好循環がここでは達成されているというのである。この確信に相通ずる言葉として,第5章で紹介したマズローの「人間は本来,自分の内に創造的になることに向かう力を持っている」という言葉,茂木の「どんな人間にも創造性が備わっており,脳の機能が高まることによって創造性も自ずと高まってくる」という文章を挙げることができる。そこに,偶然とは言えない真実が埋め込まれているのではなかろうか。

(4) 連続的イノベーション

　イノベーションは天から降ってくるものでも他人から与えられるものでもなく,自分自身が本質的に持っている創造性遺伝子を活性化させることによって,日々の試行錯誤の中で生み出されるものであると考えられる。今村 (2008) は,ドラッカーの経営の言葉とトヨタウェイとの間に多くの共通点が見られることを発見し,連続的イノベーションという日々の改善の成果が積み重なって大きな改革が実現することを説いている[16]。

　また野中他 (2001, p.1) は,連続的イノベーションが日本の自動車産業や家電,ミシン,空調器産業などでも成功していると報告している。では一体日本企業は,どのようにして連続的イノベーションを創り出してきたのであろうか。

　その問いに対して野中他は,「組織外の市場,技術,競争条件,製品などの変化を予測しながら未来を構想してきたこと,不確実性の世界で,その時々の競争優位の源泉を自ら放棄しつづけることを余議なくされたからである」と答えている。つまり,成功体験にしがみつくのではなく,創造と破壊による新陳

第7章　自己啓発とイノベーション

代謝が組織と人を活性化させ，新たなイノベーションを次々と生み出してきたのだと言う。そして，企業の外部から取り込まれた知識は，「組織内部で広く共有され，知識ベースに蓄積されて，新しい技術や新製品を開発するのに利用され，日本企業の連続的イノベーションの原動力」になると述べている。

新しい「知」を創ることは，「社員一人ひとりと会社を，絶え間ない個人的・組織的自己革新によって創り変えること」であり，「組織メンバー間の濃密な交流努力を必要とする」との考えは，日本企業におけるイノベーションの本質をとらえたものである (ibid, p. 12)。日本企業が，その時その時に置かれた環境下で試行錯誤しながら創り上げてきた連続的イノベーションこそが，日本企業の競争優位を支える基盤であり，今後もその土壌を耕していくつものイノベーションの種を育成していく施策が必要となる。

2　カルチベーションとイノベーション

(1)　人の意欲とモチベーション

そもそも人を積極的に動かす「意欲」とはどういう意味であろうか。広辞苑によると，意欲とは「積極的に何かをしようと思う気持ち。種々の動機の中からある一つを選択してこれを目標とする能動的意志活動」である。このことから，意欲とは「動機づけられる」という受動態で説明されるものはなく，人がいくつかの動機の中から敢えて選択した行動目標を，積極的に達成しようとする「能動的な意志活動」であるということが分かる。

第5章でモチベーションの概念について述べたが，仕事への意欲を高める方法を考えるとき，給与や昇進，人間関係等の外的報酬によって外因性モチベーションを高める方法だけではなく，働く人自身が，仕事の達成感や仕事による自己成長など，仕事それ自体が個人の成長にとって意義をもたらす内的報酬が得られる，内因性モチベーションを高める方法をも考慮しなければならない。内因性モチベーションによって自己の欲求を充足したいと考え，自己実現を図ろうとして働く人は増えており，一方で会社側も，昇給や昇格などの外因性モ

第Ⅱ部　人の意欲とイノベーション

チベーションによって労働者を動機づけることが次第に困難になり，働く人自身が求めている誘因を与えることによって，積極的に支援することが必要になったことに理解を示しつつある。「自己の裡なる声」としての内因性モチベーションや「会社の意思や声」としての外因性モチベーションは，いずれも個人にとって刺激であり行動の誘因となる。こうした刺激を受けて，人は自らの意思で能動的に活動する段階があり，更に，能動的に創造力を導き出して実を結ばせる段階というものがあるように思われる。

(2)　カルチベーションと創造性

　ここで，組織と個人の目的をできるだけ近づける経営を模索する中で，人の意欲と行動，モチベーションとイノベーションの間にどのような相関関係があるのかという観点から，心理学の理論であるマズローの欲求階層説を参考にした新たな概念について検討してみたい。

　前述のようにイノベーション創発に優れた企業では，「新たな発見の種の段階から発芽させ，実を結んでいくにはそれにふさわしい人と組織が必要であるという＜栽培＞の考え方」を持っており，「社員の自立性や自主性に期待し，これを増幅させるような行動規範や理念をしっかりと植えつけ，人間が本来持っている創造性に対する信頼を根底に置いて創造力をかきたてる」場を提供している。この事例は，自らが率先して自分の可能性を耕し種まきし，その創造性を育てていく「カルチベーション（Cultivation）」（耕やす，育成する）という新たな概念を示唆している。こうした事例から，人びとはモチベーションという刺激を受けて自らの可能性の種に光を当て，それをCultivate（啓発・耕し・育成）して日々成長させ，充実感とやりがいを感じながら自己実現を目指す，そしてその過程でイノベーション（価値創造）がもたらされる可能性が高くなるのではないか，という仮説が導かれる。つまり，図表7－2に示すように，人の意欲や創造性というものは，モチベーションという外的・内的刺激を受けてすぐにイノベーションに直結するのではなく，その間にふかふかとした肥沃な土壌で光と養分とが得られる"場"があって，そこでその人の持つ創造性が育

第7章　自己啓発とイノベーション

図表7－2　カルチベーションと創造性

モチベーション（動機づけ）⇔　カルチベーション（耕育）⇔イノベーション（創造）

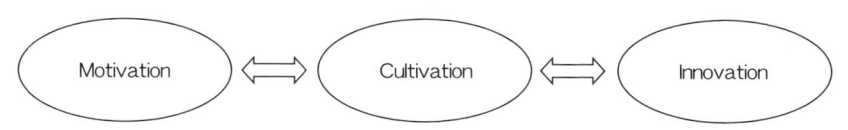

Motivation ⇔ Cultivation ⇔ Innovation

まれて根と葉を伸ばすカルチベーションという段階があり，それがやがてイノベーションという花や果実をもたらすのではないか，という新たな概念を提起するものである。

(3) 悟性という概念

我われは，理性や感性という言葉を日常生活の中でもよく使うが，「悟性（ごせい）」という言葉の使用頻度は少ないのではなかろうか。ドイツの哲学者カント（Immanuel Kant, 1724－1804）は，18世紀後半，「近代人の思想と行動を律すべき理性の基本的輪郭を素描し，(中略) 人間理性によって理論的に確実に認識可能なものは，感覚的与信をもとに人間の認識・主観のア・プリオリ（先天的）な手持ちの認識形式としての空間・時間カテゴリー（純粋悟性概念）などによって，整序され構成された現象としての自然，いいかえれば可感的世界に限られることを立証した」とされる[17]。

ここで言う「悟性」は，日本大百科全書では「感性的直観能力と知的直観能力たる理性との間に位置する思考の判断能力」という意味を持つとされ，広辞苑では「カントにおいては，感性に与えられる所与を認識へと構成する概念能力で，理性と感性の中間にあり，科学的思考の主体」と説明されている。本項では，この200年前に唱えられたカントの悟性という概念能力に光を当て，理性と感性の中間にあって人の意欲と行動にも影響を与える「科学的思考の主体」とは何か，について考察する。

第Ⅱ部　人の意欲とイノベーション

3　カントの人間学

　カント（1985）は，1796年74歳の時に出版した『人間学』の中で，「人間とは何か」という問題意識を持って，人間に関する実用的・心理学的知識－具体的には五感などの認識能力，快・不快の感情，欲求能力そして人間学的性格について論述した。同書（カント，1985）訳者の坂田が，「同書は経験心理学的な人間知見を述べたものであって，その価値は，方法的体系的な哲学的論証にあるのではなく，むしろ鋭い観察，細かな分析，精妙な機智に富んだ考察，その人間知の広さと深さにある」と語っているように，先験的哲学者カントの視点から「人間とは何か」を探求した結果の集大成である。本書のテーマに関連する部分を以下に引用したい。

　カントは，自己の意識について，「人間は，自我を思考のうちに思惟という認識能力を持つ」として，これを「悟性」と呼んだ (ibid, p.19)。また，その認識能力について，『心が感じて主観的に働く「感性的認識能力」と，思惟する行為を伴う「知性的認識能力」に分けられる』と述べた。そして，感性を下級の認識能力，知性を上級の認識能力と呼び，前者は「感覚の内官の受動性」を持った「内的経験の基礎となる心理学」に属し，後者は「思惟を構成し，かつ論理学（悟性の規則の体系）に属する」と説いた。

　悟性についての説明はかなり難解であるが，要約すると「人間学では，悟性法則に従って統合せられた諸現象が，すなわち経験」であり，こうした「内的経験によって人間知が獲られる」という考えである (ibid, pp.40-47)。

　そして，「悟性」こそが上級認識能力であり，「何人もあらゆる尊敬を表明している」と評価し，人間の内的完成のためには「悟性が感性を支配」し，彼のあらゆる能力を活用して意志決定をしていかねばならないと説いた。つまり，感性による知覚という「意識を伴う経験的表象」は，「悟性がその秩序を与える働きと知性の形式とをもって，悟性の規則のもとで結合し作用してはじめて，経験的認識になりうる」というものである。

　ただし，カントの考えの中には，「感性は賤民であり，悟性は君主」である

第7章　自己啓発とイノベーション

という支配と隷属関係があることを示すような表現があり，歴史的に感性や暗黙知というものを尊重してきた日本人には，違和感を覚える部分もあるように思える (ibid, p.49)。対象の認識という関係において，悟性，判断力及び理性は，上級認識能力と呼ばれ，感性は下級に位置づけられているのである。正しい悟性とは，真理を把握する能力と熟達という意味を含み，「正しい悟性，習練された判断力，及び深理性が知的認識能力の全範域を形成する」として，「正しい悟性は，知的諸能力のなかでは第一位の，そして最も高貴な能力である」という概念説明を行っている (ibid, p.131)。

では，カントの語る上級認識能力を構成する悟性と理性とは一体どういうものであろうか。

まず，悟性は「教えられ，多くの概念によって豊富になった独自の規則の能力」であり，理性は「原則に従って判断し，行為する能力」であると定義される (ibid, p.134)。理性と感性との関係を示す例として，主観の理性によって抑制困難な感性的欲望が「激情」と呼ばれていることを挙げている点は，我々にとっても身近に理解できるものであり解り易い (ibid, p.217)。

そしてカントは最後に，「人間は，自ら樹立した目的に従って自己を完成する能力」を有し，「理性的動物として，自己の種を保存し，それを訓練し，教育し，更に社会に適応した組織を統治する」ものであるという，人間学のコアとなる考え方を示している。また，「人類は自ら自己の幸福の創造者であるべき」と述べ，「人類の第一の性格は，自己の人格に対しても，また社会に対しても，理性的存在者としての能力である」との認識を示した。そして「人類の意欲は一般的に善であり，人々は世界市民の有機的組織によってのみ，この善の実現が可能になる」という大局的な見方は，経営学における人間関係論につながるものであり，200年の寿命を持つ知見として高く評価される (ibid, pp.335-340)。

第Ⅱ部　人の意欲とイノベーション

4　悟性を磨く

　こうしたカントの説く悟性の概念を尊重し，日本的伝統の持つ「悟り」の持つニュアンスとを重ねて，感性と理性，そして悟性との相関について考察してみたい。悟りは，「理解すること，気づくこと，心理を会得すること」を意味する（広辞苑）。多くの人は五感を持って生まれ，本能の働きと父母の養育によって成長して感性が育まれる。また，幼い頃から社会生活を営む上で必要とされる事柄を躾けられ，やがて初等教育から高等教育に至る過程で多くの学問的知識や教養を学び，理性と知性を磨く。親兄弟や親戚との関係から友人関係，そして社会の様々な人との関係へと発展的に人間関係を築く中で，感性と理性をバランスさせることを身につけていく。時には，感性が先行して「暴発」してしまうこともあり，理論的には理解しても感性が納得できないという場合もある。学校で習ったこと，親から言われ「頭では分かったつもりになっていたこと」が，日常生活の中で遭遇した現象に「ああ，そうか，このことだったのか」と本当に理解できた，という経験を持つ人は多いのではないだろうか。

　このように現実の事象の中で，感性と理性との摺り合わせによって理解し納得した刹那に，自己の裡にすとんと落ちる「悟り」こそ「悟性」であり，実際の体験・経験知として蓄積されるものであると考える。僧侶における教義の深読みと論理性の追求，作務と自己鍛錬，感性との葛藤と坐禅による思考という修行の末に，ある日突然悟りが得られるように，また，職人芸や匠の技を磨く時に，師匠から言われたことを「体で覚えた瞬間」に「コツがつかめた」という感覚が得られる様に，感性と理性の相互作用から「悟性」が創成されるのではないだろうか。この悟性が，経験知や知見と呼ばれるもので，その人物のクオリティを形成していくものであると考えられる。プロと呼ばれる人々は，こうした悟性を積み上げ，前章で述べた様な究極点志向をもって仕事の仕上がりのばらつきを少なくして，クオリティを高めていくのではなかろうか。

　茂木（2008）は，「禅宗の悟（さとり）に至るプロセスの一つに大疑現前というもの」があるように，「クオリアがどのような原理によって生まれてくるのだ

ろうか」と問い，感じることでクオリアの感覚を悟ると述べているが，この考え方は，理性と感性と悟性のつながりに相通じる知見である。理性と感性が交錯して悟り，悟性というクオリアがそこに生まれ，知として脳内に記憶されるのではないだろうかという仮説が導かれるのである。

また彼は，脳の中の情報処理という視点から，「クオリアは，脳の中で行われている情報処理の本質的な特性を表わす概念である」と定義していることから，心の中で感じたことが脳の中の情報処理に深く関わっている点で，悟性につながる概念と言えよう。同様に言葉の意味を理解して知性が脳の中で成立するメカニズムと，「認識においてクオリアが成立するメカニズムとの多くの共通点があるという結論に達した」という点も，理性と感性と悟性のつながりを裏付ける知見として紹介したい（ibid, pp.148-220）。

論語に，「学びて思わざれば，即ちくらし」とあるように，ただ学び習っているだけで自分自身でよく考えないと，ぼんやりしていてまとまりがつかないという教えも，理性と感性と悟性のつながりの重要性を裏付けているものと理解される[18]。

こうした考え方の延長線上で，企業が社員の教育を徹底し人材を開発していくためには，何をどうすべきであろうか。そのヒントが得られる事例として，トヨタの教育方法と人材開発のプログラムを次に紹介する。

5　トヨタの能力開発プログラム

(1)　トヨタの人材教育の源流

トヨタの教育訓練や人材開発に関する基本的な考え方は，「トレーニング・ウィズィン・インダストリー（ＴＷＩ＝Training Within Industry）」と呼ばれるアメリカで編み出されたプログラムが源流にあり，多少の手直しはなされているものの，1950年代にトヨタに教えられた方法が現在でも実践されている，と言われる[19]（ライカー，2008, p.88）。

また，今村（2008, p.24）によると，トヨタ自動車は昭和20年代の終わりから，

第Ⅱ部　人の意欲とイノベーション

「GMに3年で追い付け」をスローガンにGMの経営や車の作り方，部品の品質や価格などを徹底的にベンチマークしたとされる。そして1950年代前半に，ドラッカーの助けにより，GM従業員30万人の意識調査をもとにした仕事改善プログラムに繋がる貴重な資料がトヨタ自動車に持ちこまれ，同社の経営に生かされたのだという[20]。このように，トヨタ生産システムの基本的な考え方は，当時最高レベルのアイデアを集めて組み合わせたものであり，それが，21世紀に自動車業界で世界一となったトヨタを支えてきたバックボーンであると言えよう。

(2)　TWIプログラム

　TWIプログラムは，仕事の教え方，改善の仕方，人の扱い方とプログラム開発の4つの主要モジュールから成り，「一般従業員を教育する社内トレーナーや，監督職を対象として教育する認定を受けた人（リード・トレーナー）が多数の監督職（トレーナー）を教育し，教育を受けた監督職がさらに10人以上の一般従業員を教育する」やり方である（ibid, pp.3－7）。特に「仕事の教え方（JI）」というモジュールは能力開発の基礎であり，そのプロセスとステップを以下に引用する。

①　作業者に習う準備をさせる
②　作業説明（言って聞かせ，やって見せる）
③　作業をやらせてみる
④　フォローアップ（仕事を割り当て，教え，やらせて進捗度をチェックし，質問させる）

①の「習う準備をさせる」という点に関しては，訓練対象となる工程は，標準作業が定義できるレベルまで「安定化」していなければならず，その職場は5S（整理・整頓・清掃・清潔・躾）等の原則に則ってきちんと整えられていることが前提となる。

　トヨタのこうした人材開発プロセス管理を支える理論的枠組みとして，以下6つの重要な仮説があったとされる（ibid, p.110）。

第 7 章　自己啓発とイノベーション

① 学習は，時間をかけて指導を受けながらステップ・バイ・ステップで進んでいく。
② 個々の部分を組み合わせ，まとめあげるには，仕事をやりながらの個人指導を必要とする。
③ 仕事の小単位は明確に定義されていなければならないし，標準化プロセスとしてまとめあげられていなければ，生徒に効果的に教えることはできない。
④ トレーニングと人材開発は職場の継続的なプロセスであり，コーチと作業者の間に調和的な関係を創り出す。
⑤ 監督職の鍵となる役割は，教師としてコーチとして実際に作業をしている人々の能力を引き出すことである。
⑥ 究極的な品質と生産性は，この長期的な人材開発プロセスの結果である。

このような管理手法は，「農村部の農家を起源とする豊田家が築いた土台の上に培ってきたトヨタの感性によく馴染むもの」であったと評価され，こうした考えが源流となり進化を続けるトヨタウェイの人材開発プログラムに色濃く反映されているのである。

6　質・悟性の概念

前述のＴＷＩの基本原理に非常に似た人材教育法が，日本でも以下のような教訓として広く伝えられている[21]。

「やって見せて，言って聞かせて，やらせて見て，ほめてやらねば，**人は動かず**」

「話し合い，耳を傾け，承認し，任せてやらねば，**人は育たず**」

「やっている，姿を感謝で見守って，信頼せねば，**人は実らず**」

このように，作業説明－作業をやらせてみる－フォローアップという，人を活かして教育する手順は，洋の東西を問わず時代を超えて通じる原理原則であ

り，これこそが，「悟性」を育み育てていくことの重要性を裏付ける概念と言えよう。

この感性，理性，知性と悟性の相関関係を一覧表としてまとめたのが，図表7－3であり，わかりやすく図に示したのが，図表7－4の関係図である。

図表7－3　悟・感・理・知性の相関関係一覧

分類	感性	悟性	知性
辞典による概念の解釈	感覚（物事を感じ捉えること）によって呼び起こされ，それに支配される体験内容	感性に与えられる所与を認識へと構成する概念能力で，理性と感性の中間にあり，科学的思考の主体（カントによる理解）。	知覚（知り覚えること）をもととしてそれを認識にまで作り上げる精神的機能
			理性
			概念的思考の能力。実践的には感性的欲求に左右されず思慮的に行動する能力。カントの用法として，ア・プリオリな原理の能力の総称。理性が認識に関わる場合を理論理性・行為の原理となる場合を実践理性と呼んだ。
山本五十六の名言より	「やらせて見て，ほめてやる」真剣にやってみることで五感がフル活用され，ほめられて達成感と充実感を持つことができる。	学んだ知識をもとに自分なりにやってみて試行錯誤の結果達成できた時に，その知識と経験が悟りとなって身に付く。悟性によって「人は動き，育ち，実る」	「やって見せて，言って聞かせる」手本を示す。

図表7－4　悟・感・理・知性関係図

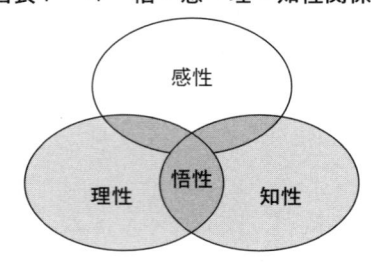

真剣に学び理性を磨き，その知をもって行動し，真摯に試行錯誤を繰り返したその末に，「ああそうか，このことか」と「ストンと腑（心の宿る場所としての

第 7 章　自己啓発とイノベーション

内臓）に落ちる悟り」を，本書では悟性ととらえている。

　「窮すれば通ず」と古くから謂われてきたが，これは正しくは「窮スレバ即チ変ジ，変ズレバ即チ通ズ」であり，困窮することで人は真剣になり，自己の中で何かが変わることで事態が切り抜けられる，という意味である。昔から「火事場のバカ力」と言われるものは，この真剣味が悟性を活性化させてなせるワザではなかろうか。遺伝子を基盤とする感性と知を基本とする理性が，個人としての真剣味が一定レベルに達した時に，触媒のように作用して遺伝子のスイッチがＯＮとなり，感性と理性の交流と合成によって悟性が生まれ，これが新たな知見として脳の記憶に蓄えられるのではないかと考えるものである。

　第5章で紹介したように，人は60兆個の細胞からなる生命組織体であり，3～4万個もの遺伝子を持っていると言われる。悟性という経験知が，新たな遺伝子情報として蓄積され，環境の変化に対して何とか問題を解決しなければならないという真剣味がトリガーとなり，さらに新しい「悟性」遺伝子情報を創出しては脳に蓄積し，必要に応じて呼び出して対処するのではなかろうか[22]。

　こうした例に見られるように，本能行動を司る感性と，新しい知識を学びとろうとする理性・知性とが交錯して体感したことが，納得性のある悟性となって新たなinnovativeな遺伝子情報となり，脳内にクオリアという形で蓄積されるものと理解される。つまり，「納得し，腑にストンと落ちる，悟りである悟性」という情報遺伝子カプセルが，クオリアであると推測するものである。

　武田（2002, p.151）は，「ゲシュタルト心理学があきらかにしたのは，人間は理解できてなければ，何がそこにあっても見えないし，また見えても看過する」として，学び，思考して「新しい知」を刷り込んだ人は，年齢のギャップを超えて柔軟な発想を持つことを説いている。そして聖者や修行者のように，知の階段をのぼることを「心の鍛錬（disc：pline）」，「悟る（Budda-hood）」，「救う（salvation）」という言い方で表わし，「悟るとは，一段上の知に上がることで，同じものを見ても，それまでと違った見方をするようになる」ことであると述べている。そして，デミングが説いた理論と経験知について，「理論が無ければ，何を経験しても観測者は未消化のまま，新たな知識を学習する機会

第Ⅱ部　人の意欲とイノベーション

を失う」として，デミングの Out of the Crisis からの引用文を示している。これもまた「理論がなければ，経験は何も教えない。事実せっかく経験したことも，理論が無いままなら記録さえできない」という「悟性」につながる概念と言えよう。

また，Deming (1986, p.19) は，"Out of the Crisis" の中で，次のように語っている。

Experience alone, without theory, teaches management nothing about what to do to improve quality and competitive position, nor how to do it.

この前後の文脈から意味を要約すると次のようになる。「質と生産性と競争優位性を向上させるマネジメント理論というものがある。(中略) 経験だけで，理論が無かったら，質と競争優位性を向上するのに何をすべきか，どうすべきかさえもわからない。何もマネジメントについて教えてはくれない。経験だけでは，なぜ今こうして困った立場にあるのかと，(現場で) 尋ねられても答えられない」という意味である。つまり，モノ造りの現場で，目の前でトラブルが発生した場合，経験則だけで理論というものが無ければ，問題の対処ができない。理論という知識を持ち，現地・現物で経験を積んでいくことで，納得した知(悟性)が体験ノウハウとして組織に蓄積され，質と競争優位性が向上していくという理解につながる。

19世紀半ば，ダーウィンは「生存競争の結果，生き残り子孫を残すのは，わずかでも有利な遺伝する変異を持った個体である」という，自然選択説を唱えた[23]。環境の変化に適応するために，もともと生物体に組み込まれていた遺伝子のスイッチが，必然性により On にされた結果，「必然変異」が起こったということが考えられるのである。

人は元来，利己的遺伝子のみならず利他的遺伝子も持っており，人々との協働，組織への貢献を喜びとし，生きがいとして感じる遺伝子も持っていると考えられる。この持てる遺伝子のスイッチを On にし，眠りから覚まして活性化させるには，本人が外的・内的刺激を受け，環境への適応や自己実現を真摯に求める真剣味が必要である。自分のヤル気・真剣さが持てる遺伝子を覚醒させ，

第7章　自己啓発とイノベーション

それを育成（Cultivation）することで困難な環境を乗り切る悟性が培われ，その「知」の蓄積が新たなイノベーションを創出するベースになるのではなかろうか。

〔注〕
1）　梶原（2004, pp.225-249）の分類を参照し，筆者自身の経験も含めて説明を加えた。
2）　筆者の場合，総合商社に入社後国内営業部門に配属されていたが，この自己申告制度によって海外勤務を希望する旨を申請して，念願の海外駐在に出ることができた経験を持つ。
3）　渡辺他（2008, p.42）は，「誰もが自らの知性を尊重してもらいたいと考え，多くの人にとって仕事は，人間の尊厳と自己実現，自己充足の源泉である」として，「経営者にとっても物質的誘因によって労働者を動機づけることが困難になり，労働者自身が求めている誘因を与えることによって積極的に彼らを動機づけることができるかどうかが，製品の質と生産性を決定する最も重要な要因になる」と説いている。
4）　渡辺（1994, pp.179-184）は，「エンパワーメントの発想こそは，企業が管理型組織から支援型組織へと脱皮するための条件であり，人間が本来持っている可能性を引き出して，絶えず生成変化を遂げることが生きる力への意志であり自己実現へと通じるものである」としている。また，「自己の可能性を高め創造的な生き方を求めることは，他者を出し抜くことではなく，相互支援によって互いにエンパワーすることであることから，付加価値創造と自己実現がおこないやすい状況を作り出すことが，これからの企業組織には不可欠」であると説いている。
5）　企業活力研究所・クオリティサクセス研究所による「文科系高等教育に関する報告書」に詳しい（クオリティサクセス研究所，2006）。
6）　平成15年3月に中央教育審議会は，「新しい時代にふさわしい教育基本法と教育振興基本計画の在り方について」とする答申を文部科学大臣に提出した。
7）　平成16年11月に経済財政諮問会議・文部科学大臣の名前で公表された。「日本の諸改革の基盤となるのは，知力・体力・品格・教養であり，日本は人材こそが資源である」と明記されている。
8）　アンケート調査結果では，「高等教育では文系より理系の学生の方がよく勉強しているか」という問いに対して，全グループ8割以上が「そう思う」と回答。「文系学部は問題解決能力訓練不足と考えるか」という問いには，有識者82％，企業関係者71％，大学関係者67％が「そう思う」と回答。
9）　小池他（2002, pp.986-987）を参照。
　　アンケート調査結果では，「企業が重視する人材能力」としては①創造力，②問題解決能力，③コミュニケーション能力が，また，「大学からみた重視能力」として①問題解決能力，②論理構成力，③コミュニケーションが挙げられた。
10）　2004年11月の調査会社による訪問調査結果を参照。

第Ⅱ部　人の意欲とイノベーション

11) 出所：日本経済新聞社が，2005年9月5日に掲載した有力企業249社からのアンケート回答結果。松下電器が，「社員の意欲に答える制度」への評価でトップ。中村邦夫・松下電器産業社長談。
12) 小池他（2002, pp.47-48）を参照。
13) DIAMONDハーバード・ビジネス・レビュー編集部（2007, p.424）によれば，イノベーション創発には「失敗を怖れず挑戦し，創造的な社員が共に働く場でコラボレーションを重視してデジタルコミュニケーション等によって情報の共有を図れる」組織文化が望ましいとしている。
14) いきいきとしている高活性化職場を詳しく観察した結果，次のような4つの特徴が浮かび上がったと報告している。
　①　理念・規律の浸透：全員が当事者として責任を持ってやりぬこうとする意識の高さ。
　②　変革・創造行動が多く見られる：社員自ら高い目標を掲げ，変化を当たり前のこととして理解。
　③　支援による壁の突破：既存の前提条件や既成概念に囚われず，新しい世界へ向かって社員がお互いに信頼し合い，仕事や組織への献身や熱意を通して乗り越えていく。
　④　信頼経営に必要となるリソースの獲得：お互いの知恵や知識を教え合い，サポートしあいながら，双方の能力を高めあう気風がある。
　「組織に求心力があり，社員をひきつけ，能力以上のパフォーマンスを引き出すマネジメントができている企業が，活性化した職場を確保している」という調査結果は，説得力のある知見として評価される（名倉, 2008, pp.33-34）。
15) 同社ゼネラルマネジャーのトム・ケリーが著した書（2009, pp.11-15）によれば，「人間やものをよく観察し，ホットなチームワークにより，楽しみながら真剣にブレーンストーミングを重ね，新しいコンセプトをプロトタイプに落とし込んで視覚化することによって，イノベーションは形作られていく」ということである。
16) ドラッカーの経営の言葉とトヨタウェイとの間に，共通すると見られる項目：
　・イノベーションは事業のあらゆる局面で行われる。設計，製品，マーケティング，価格や顧客サービス，マネジメントの組織や手法のイノベーションがある。
　・一つの動作にかかる時間を何分の一秒か縮め，無駄な動作を無くする。そのような要素動作の改善が，仕事全体の改善のための重要な手段となる。
　・何度も危機に直面する問題については，原因を発見して予防してしまわなければならない。時間はかかるかもしれないが，結局は時間の節約になる。
　・「目標に追いつくために，人間はいろいろな工夫をする。そこから知恵や手段が生まれる。どんな目標もきちんと掲げられていれば，達成のためにはどうしたらいいか，社員は考えて行動し，知恵という目に見えない資源を最大限活用するようになる」と説く（今村, 2008, pp.48-49）。
17) 相賀徹夫編（1990）『日本大百科全書　第6巻』小学館, pp.247-249－秋間実による解説を引用。

第 7 章　自己啓発とイノベーション

18)　出所：折井英治編（1970）『古事名言辞典』集英社
19)　1940年に米国において，インダストリアル・エンジニア，職業訓練のトレーナーや哲学者も含んだ専門分野横断チームによって作られた手法である。このＴＷＩの「仕事の教え方」の手法は，料理，外科手術，靴紐結び，組み立て，溶接，野球の打ち方など，いかなる作業をいかなる人に教える場合であっても使うことができる，と説明されている。料理用レシピというアイデアもこのＴＷＩの一環であり，料理に関しては標準化が遅れていたが，最終製品である料理のばらつきを減らすというニーズから生まれたとされる（ライカー，2008, p.96）。
20)　この事実の裏付けとなるのが，ドラッカーの「私の履歴書」（日経新聞2005年2月23日付朝刊）であり，その導入の経緯が次のように説明されている。1950年代前半に，ドラッカー教授の助けを借りてコンテストの結果はトヨタ自動車へ持ちこまれ，同社の終身雇用や労使協調政策の面で生かされたとされる。当時のトヨタは労働争議に見舞われ，創業者の豊田喜一郎が社長辞任に追い込まれるなどの苦境にあったが，「利用できる資源のなかで，成長・発展し続けるのは人間だけである」という判断から，その導入が決められたものとみられる（今村，2008）。
21)　太平洋戦争中，大日本帝国連合艦隊司令長官であった山本五十六が，人を育成する心構えを説いたものと言われている。
　　出所：山本五十六.Net「山本五十六の名言集」http：//www. ym56. net/meigen. html
　　また，米沢藩主の上杉鷹山が，「してみせて，言って聞かせて，させてみる」という言葉を遺したといわれる。上杉鷹山（うえすぎようざん：1751－1822年　出羽国米沢藩の第9代藩主。）
22)　自然界においても，この感性と理性と悟性の相関を示す事例を挙げることができる。カナダ西海岸クイーンシャーロット諸島で，ザトウクジラが尾ビレで水しぶきを飛ばす不思議な行動が頻繁に目撃されるようになったという。この行動の背景には，それまでクジラの好物のエサであったニシンが人間の乱獲によって激減し，代わりにエサとしたオキアミを効率的に捕獲するためのクジラの工夫があることが分かった。水しぶきでオキアミを驚かせ，保身のために一団となったオキアミを一網打尽にガブリと呑み込む漁法であった。これなどは，生き残りのための真剣味が理性と感性の融合を促進させ，悟性がもたらされ，それらが経験知として子供のクジラにも教えられ伝承されて行くという好例と言えよう。
　　出所：ＮＨＫ（2009）『ダーウィンが来た』第162回放送分，2009年5月取材を参照。http://www.nhk.or.jp/darwin/program/program162.html
23)　進化論とは，「生物の形質（形態・生理・行動など）が，長大な時間的経過に伴って，生息する環境により適合したものになるという変化と多様性について，連続性と可変性という二つの基本仮定のもとに説明しようとするもの」として説明される。イギリスのダーウィンは，19世紀半ば，著書『種の起源』(1859)において「多くの品種改良の例をあげて生物の可変性を示すとともに（中略）生存競争の結果，生き残り子孫を残すのは，わずかでも有利な遺伝する変異を持った個体であるという，自然選

第Ⅱ部　人の意欲とイノベーション

択説」を唱えた。相賀（1990）『日本大百科全書』12巻，p.445

終　章

総括と展望

　本章では，表題の「組織と人材開発」について各章で述べてきた研究結果をまとめ，冒頭に掲げた問題意識と研究課題に関連する知見を総括し，最後に21世紀の人と組織のマネジメントはどうあるべきかについての展望を示す。

第1節　総　　括

1　本書の研究目的と考察結果のまとめ

　本書では，「組織と人材開発」というテーマについて，経営組織論と経営戦略論をベースとする組織のマネジメントと，人の意欲を引き出す方策を考える組織行動論を中心とする人のマネジメントという2つの視点を持って論述してきた。

　第Ⅰ部において，経営管理理論，経営組織論，経営戦略や人的資源管理論等との関係から，会社経営の仕組みや経営理念，組織の形態や構造，そして経営戦略と組織人材マネジメントについて説明し，実際に企業がどのような組織能力を持ち人材開発に取り組んでいるのかについて述べた。

　また，第Ⅱ部では「人の意欲と行動」について，経営学を中心とする社会科学・心理学・脳科学・遺伝子学・哲学分野の文献も参考として考察し，人と組織の活性化を図るマネジメント手法として注目されるクオリティ・マネジメント論やCDGMという小集団活動や，GPTWモデルの考え方なども紹介した。

175

第Ⅱ部　人の意欲とイノベーション

そして次世代人材の育成も視野に入れて,「自己啓発とイノベーション」及び「人と組織のエンパワーメント」について述べ,カントの「人間学」で説かれた「悟性」という考え方を尊重した,カルチベーションとイノベーションについての新たな概念について論じた。

2　研究課題に関する知見

序章にて提起した「組織と人材開発」に関する6項目の研究課題について,考察し述べてきたことを以下にまとめる。

(1)　100年に一度の危機と言われる厳しい経済環境の中で,企業組織と人の関係はどうあるべきか

バブル崩壊後の長期景気低迷期に,多くの日本企業が人件費の圧縮に動き,従来の雇用形態を見直して,リストラや成果主義の導入などを行った。しかし,こうした社員をコストとしか見ない短期的縮み志向の経営から打ち出された窮余の策は,人々のやる気を失わせ,職場の一体感を喪失させて,組織や人心に深刻な副作用を与えた。

そうした反省を踏まえて,働く人の人間性を尊重し,家庭生活を充実させて従業員が満足して一生懸命働くようにすることで業績アップにつなげるという,ワーク・ライフ・バランスのような施策が注目されるようになってきた。従業員のモチベーションを高め,仕事に対する意欲や会社や社会への貢献を通じて満足感を高めていくという,長期的な視点に立った人材開発戦略を採る企業では,優秀な人材が確保できて離職率が低下し,採用や教育にかかる費用が減るというメリットをも享受している。

従業員の「モラール・モチベーションアップ」という人事管理上の課題は,20年来の調査結果でも常にトップに挙げられており,企業組織にとって人と組織の活性化がいかに難しいことであるかを物語っている。企業組織における経営理念の共有や,上司や同僚との協働を通してお互いに信頼感を高めるという,

終章　総括と展望

小集団活動のようなチームワークを重視するボトムアップ型の活動をもう一度見直す必要がある。企業は，環境の変化に適応するために経営戦略を策定し，組織の役割を担う人材のモラルを高めて継続的に創造性を引き出し，ゴーイングコンサーンとして企業目標を達成していかなければならない。

(2)　経営学における経営戦略や組織・人材のマネジメント理論にはどのような考え方があり，我われは今何を学び取るべきか

我われはもう一度，経営とは何かを問い直し，組織と人のあり方を見直し，新たな環境に適応する組織と人材戦略を講じなければならないのではないだろうか。こうした問題意識に立って，学びとるべき内外の理論やマネジメント手法を以下に紹介したい。

デール・カーネギー協会 (1997) が唱える「人を生かし，企業を生かす」という経営哲学をもとにした経営管理の概念は，Managing through people であり，「事業を成功させるには，社員のやる気を引き出し，創造力を刺激して人々の力をもって組織運営をすることである」と説く。この「人を生かす組織」の考え方は，テーラー主義の流れを汲む経営管理を中心としており，「企業の成否を決めるのは，人的資源である。経営者は，この人的資源を大事に教育して，各人が持っている隠れた創造力を引き出し，彼らが会社に最高の利益をもたらすために働くようにする。これは同時に，関係各社員に，より大きな仕事上の満足を与え，彼らを個人的な成功者にもする」というメッセージから，学ぶことは多い。

また，デミングは，「組織においては部分最適ではなく，全体最適が重要であり，セクションの間で相互依存的な関係が保てる構造にすることで人々のエンパワーメントが進むシステムになっていなければならない」と説いた。このデミング哲学とも呼ばれる人間尊重と長期的ビジョンをもった質の高い経営をめざすクオリティ・マネジメントに，今こそ注目すべきである。

人の意欲と行動については，カントの「人間学」まで遡って，理性と感性と悟性についての理論を研究することは，人間の本質を問い直すという意義があ

る。そして，経営学にも影響を与えた心理学者A.H.マズローの「人の意欲と行動」に関する研究からは，現代でも大いに参考となる知見が得られる。

こうした理論から学ぶことに加えて，実際に経営に活かして成功している企業（「動機づけ理論」によって人のやる気を高め，人材開発をして競争力のある組織文化を築いたトヨタ他）からも学ぶことが多い。

(3) 次世代を担う若者は働くことや生きることにどのような意識を持ち，社会の中でどのような役割を担うことを期待されているのか

若者の「仕事に対するモチベーションに関する調査」結果，若者が働くことや生きることについて以下のような意識を持っていることが分かった（野村総合研究所が2005年10月に上場企業の20歳代・30歳代正社員1,000名を対象に行った調査結果）。

① 「仕事に対する意味欲求」：社会的に意義のある，貢献しがいのある仕事がしたい。
② 「成長・上昇欲求」：新しいノウハウやスキルを身に付け，自分のキャリアを高めたい。
③ 「創造性発揮欲求」：仕事を通じて自分らしい創意工夫や創造性を発揮したい。
④ 「承認欲求」：人から認められたいという欲求。
⑤ 「自己実現欲求」：仕事と生活におけるスタイルをうまく統合させたいと考えている。

こうした若い世代の潜在的なエンパワーメントを引き出す基本的経営手法として，野村総合研究所の「モチベーション再生の組織戦略VOICEモデル」が注目されている。

モチベーションの高い組織を生み出すための5つのアプローチ：
① バリュー・アプローチ（Value Approach；共有価値観のデザイン）
② オポチュニティ・アプローチ（Opportunity Approach；成長機会のデザイン）
③ イノベーション・アプローチ（Innovation Approach；創造する楽しさのデザ

イン）
④　コミュニケーション・アプローチ（Communication Approach；情熱循環デザイン）
⑤　エンパワーメント・アプローチ（Empowerment Approach；能力発揮環境デザイン）

　こうしたアプローチによって，企業組織は若者にとって「やりがいのある組織」を形成し，人材育成と創造性発揮の"場"を提供することを社会から期待されている。そして若者は，能動的に自己を啓発して持てる能力を発揮して会社や社会に貢献していくことを期待されているのである。その際に，彼らが会社の目指す方向性に向かって協働することが自分の幸せにもつながるのだという期待感と，それを実現するためには自分も主体的にその役割を担おうとする一体感の醸成が必要である。

(4) そもそも人の意欲と行動，モチベーション，働きがいや生きがいとは何か

　心理学者のマズローは，組織の中で個人の創造性が抑圧されると，その人のパフォーマンスが低下して組織が持てる能力をフルに発揮できなくなるため，「従業員や組織が，本来備えているはずの創造性を取り戻せるよう支援すること」が重要だと説いた。また脳科学者の茂木は，「創造性こそが，人間が生きている証しであり，脳が創造力を働かせるためには，意欲が必要であると考える。もっと仕事の質を高めてやろう，と考えた瞬間に脳はどんどん活性化され，脳の機能が高まることによって，創造性も自ずと高まる」と述べている。このように，脳科学の分野と心理学と組織行動論との接点で，人の意欲や組織と人の活性化，イノベーションとのつながりが説明されている点が，非常に興味深い。こうした心理学や脳科学の視点からも，経営学からのアプローチにしても，組織における人材開発と個々人の自己啓発という考え方が，ますます重要になっている。

　ほとんどの人は，内因性モチベーションによって自己の欲求を充足したいと

考え，自己実現を図ろうとしている。一方，経営者側も，昇給や昇格などの外因性モチベーションによって労働者を動機づけることが次第に困難になり，働く人自身が求めている誘因を与えることによって，積極的に動機づけることが必要になったことを理解している。また，人間は「自分のため」という利己心だけでなく，「人のためにも」という利他の働き，助け合い，譲り合い，分かち合う相互扶助の生き方によって進化してきたと考えられる。このように人は，組織の一員として協働し役に立っていると感じる時に，楽しい，嬉しいという感情を持つ。そうした気持ちが，人をポジティブな生き方に導くと言われ，小集団活動や一体感のある組織運営が，社員の働きがいや生きがいに良い影響を与えると言われるのも，この辺りの心理作用に関係があると考えられる。

　企業は社会の公器として，マズローの欲求階層説でいう生理的欲求と安全の欲求を満足する賃金と安全の確保をまず約束し，所属の欲求を満足させる環境を整え，働きがいを感じさせる仕事の"場"を提供する必要がある。そういう環境にあってはじめて社員は安心感と信頼感を覚え，モチベーションを高めて仕事に挑戦し，達成する喜びを味わうことができるのである。そうした達成感が社員の自己実現の欲求を満足させ，更なる社会貢献へと駆り立てるのである。

(5) 人と組織を活性化するには，どの様なマネジメント手法やモデルがあるのか

　組織活性化の条件とは，「企業理念の共有，リーダーシップ，一体感ある組織，モチベーション，チームワーク，将来性，公平さ，自己啓発，ワーク・ライフ・バランス」等のキーワードで説明される。このキーワードは，「働きやすい会社」や「働きがいのある会社」に共通してみられる特徴であり，多様な人材が互いに価値観を認め合い，一体感を持って協働することで組織が活性化して目標を達成できるのである。日本の企業は，どうしたら品質の高い製品をより効率的につくることができるかを試行錯誤の過程で学び，経営者と従業員が一体となって品質改善に取り組んだことによって，「質と生産性と競争力」を獲得してきた。こうした分析を通して「組織全体の目的をより効率的に達成す

るため，人間尊重の概念に基づき，組織内の人々が協調し，仕事の遣り甲斐を呼び起こし，組織の競争力や永続的な生存力を高める経営の考え方」であるクオリティ・マネジメント（ＴＱＭ）が，洋の東西，イデオロギーの違いを問わず，企業組織の成果に有意な影響を与える経営手法であることが確認された。

　また，Creative Dynamic Group Method（CDGM）という小集団活動が，一体感や達成感をもたらして組織の活性化を促進し，個人の持つ潜在能力を引き出して創造力を高める具体的施策として有効であるということが，成功事例や体験者からの聴き取り調査からも確認された。CDGMは，「ＱＣサークルの持つ短所を棄却して長所を取り入れた，デミング経営哲学と日本の経営文化の融合体であり，ＴＱＭの本質」とされ，職場の改善活動を通して従業員の創造力を最大限に発揮させ，働きがいのある職場をつくり，その結果として組織全体の競争力を向上させることを目的としている。ＮＴＴやＮＥＣ等多くの企業でも成果を上げているモデルであり，実際にCDGMを体験した社会人大学院生も，『従業員の「仕事の喜び」，「働きがい」を第一に考え，「従業員満足」を目的としているため，自由な取り組みを通じてCDGM参加者の満足度向上につながったと感じている。企業の成果を求めるためには，従業員の自己実現（仕事の喜び，働きがい）が必要であり，従業員に仕事の喜びや働きがいを感じさせる手法としては，ＱＣ手法よりもCDGMの方が有効であると実感できた』と評価している。

(6) 自己啓発やイノベーションを創発する人材の開発について，組織はどのような取り組みをすべきか

　若い世代の人々は，お金や地位という物質的な外因性モチベーションではあまり動かされず，人間としての生きがいや精神的な満足が得られる内因性モチベーションによって，意欲的に行動するように変化してきている。昇進や昇給がないと張り合いがないとは感じるものの，やりがいのある業務や自己の成長を感じることができる業務により魅力を感じ，個人の生きがいを日々の働きの中に見出そうとする傾向が強くなってきている。

第Ⅱ部　人の意欲とイノベーション

　企業組織を活性化するためには，組織を運用する人の活性化が必要であり，従業員満足（ES）なくして組織の活性化は図れない。具体的には，会社のビジョンと社員自身の人生のビジョン，つまりキャリアデザインとのベクトル合わせが必要である。会社組織が企業理念を明示し，社会への貢献を企業の目標として掲げることで会社組織の一員であることにプライドを持ち，上司と同僚の間に信頼感と一体感が育まれることによって，働きがいが高まるのである。では，組織はどのような人材開発の取り組みを行ってイノベーションの創発につなげていくべきであろうか。

　イノベーションが生まれやすい組織というのは，環境対応意欲や目的達成意欲といった「戦略活性度」，及び社員の自立性や満足度を表わす「組織活性度」が高い，イノベーティブ組織であるということが明らかになった。イノベーション創発に優れたユニークな企業では，「新たな発見の種の段階から発芽させ，実を結んでいくにはそれにふさわしい人と組織が必要であるという＜栽培＞の考え方」を持っており，「社員の自立性や自主性に期待し，これを増幅させるような行動規範や理念をしっかりと植えつけ，人間が本来持っている創造性に対する信頼を根底に置いて創造力をかきたてる」場を提供している。

　人的資源は企業競争力の源泉であり，人々のモチベーションを高めることでイノベーションを創発させ，生産性を向上させることが，企業にとって今真剣に取り組むべき戦略である。戦力になる人材の能力が存分に発揮され，業績に貢献する価値が創造されるためには，社員一人一人のライフキャリアを尊重し，自己啓発やワーク・ライフ・バランス等の制度に配慮すべきである。

終章　総括と展望

第2節　展　　望

1　21世紀の人と組織のマネジメント

　21世紀に入って10年の節目となるが、この間2001年11月の米国での同時多発テロや2008年のリーマンショックに端を発した米国発の金融危機の影響が、あっという間に地球を駆け巡って負の連鎖を引き起こしていくという、グローバル化のマイナスイメージが強くなってはいるものの、グローバル化の動きは基本的には今後も続くとみなければなるまい。

　また、技術革新はますます加速されて広範囲に及び、人々の価値観はさらに多様化してグローバル市場での競争はさらに激化していくことが予想される。こうした趨勢の中で、企業組織は従来にも増して自社のコア・コンピタンスを強化し、アジリティ（スピード）のある意思決定と実践力のある組織能力が求められることになろう。

　グローバル化の進展と経営環境の変化により、会社組織と人の価値観や関係も大きく変わり、人的資源管理の多様化も急速に進むとみられる21世紀の人と組織のマネジメントには、どのような取組みが必要とされるのだろうか。

　21世紀の企業経営を考える時に参考とすべきことは、第1章で触れた日本の長寿企業から学ぶ「人と組織のマネジメントの極意」である。取引の公正と顧客の信頼を守り、社会に貢献するという企業理念を柱として、環境の変化にしなやかに対応できる優れた人材と組織能力を持つことが、ゴーイングコンサーンとして存続するための要件であり、これからの百年の計を考えるときにも有効な経営戦略である。

　特に人的資源は企業競争力の源泉であり、自己啓発を促して質と生産性を向上させること、また社員の自立性や自主性を尊重し、人間が本来持っている創造性を耕し育んでイノベーション創発を促す"場"を構築することが、経営の

第Ⅱ部　人の意欲とイノベーション

重要課題となろう。

2　グローバル・シチズンシップ

　前項で述べたように，グローバル化の進展する社会で期待される21世紀の日本のグローバル企業像は，「国際社会から信頼され，世界の人々や地域から敬愛されるグローバル市民」というイメージである。この企業像を実現するためには，企業の社会的責任や社会貢献，ステークホルダーとの良好な関係，コーポレートガバナンスの確立といった考え方をグローバルベースに拡大させることが必要である。

　本書の第1章で，企業とステークホルダーとの関係を指すコーポレート・ガバナンスについて述べたが，日本の有力企業は既にその理想像に近づく努力を始めている。富士フィルムは，「世界中の人々が，物質面だけではなく精神面の豊かさや，充実感，満足感を持ちながら，人生を過ごしていける社会の実現に大きく寄与することを使命」としてクオリティ・オブ・ライフの向上を謳い，資生堂では，「世界中の顧客からより一層信頼され，愛される企業となる」ことを公表している。そしてトヨタは，「トヨタ基本理念に基づき，グローバル企業として，各国・各地域でのあらゆる事業活動を通じて社会・地球の調和のとれた持続可能な発展に率先して貢献すること」を約束している。このように，企業は法人格を付与された組織体として自然人と同様に法律行為を含む経済活動ができる市民と位置付けられ，今やグローバル社会での貢献を期待されているのである。

　グローバル・コーポレート・シチズンシップは，企業統治・企業の社会的責任・ステークホルダーズへの貢献という3つの領域が交わり，地球規模に拡大された新たな概念でとらえられている。企業やその組織に属する人々も顧客や取引先も，皆が同じ地域・国そして地球に住む市民としてつながっている，という考え方がその考え方の根底にある。

　こうした21世紀未来型地球市民を目指すグローバル・コーポレート・シチズ

ンシップの概念形成のためには，欧米系の基準だけでなく，日本やアジアなどで育まれた「共生」の考えをより一層反映させたグローバル・スタンダードとして検討し発信していくべきであろう。

3　人と組織のグローバルビジョン

　トヨタは，「地球の一員として，社会の一員として，役に立つ存在であるために，世界の仲間と未来像を共有するトヨタグローバルビジョン2020」を策定した。そこでは，「大切な地球環境を持続的なものとするために，自然循環と調和するモノづくり」への挑戦，「産業の持続的発展の原動力になる」という2020年に向けた2つの使命をステークホルダーに示している。グローバル化がさらに進展し，ますます国際的競争が激化していくと予想される21世紀の経済環境の中で，企業組織が勝ち残っていくためには，このトヨタグローバルビジョンのように経営理念を柱とした中長期的経営戦略を構築し，人と組織の役割を見直して経営トップから現場を預かる担当者まで，総員が共通認識をもって活路を切り拓いていかなければならない。企業組織には，今や地球規模でのコーポレート・ガバナンスが期待され，多様な社会の要請に対応できる人材や新たな価値を創出する創造性豊かな人材を養成し，社員が一体感を持って漕ぎ進んでいく経営姿勢が一層強く求められている。そして，働く人々には，自己啓発をして能動的かつ主体的に活動し，人々と協働することでイノベーションを創発して会社組織や社会に貢献していくプロフェッショナル像が期待されているのである。こうした組織と人との関係が，企業組織を活性化させて人間が本来持っている創造性を育て，組織の連続的イノベーションを生み出す源になるとの展望を持つものである。

　200年前に「人間学」を説いたカントの時代や，経営学の基礎が造られた100年前には想像もできなかった数多くのイノベーションに囲まれ，グローバリゼーションという地球的広がりの中で，我われは今生きている。我われをとり

第Ⅱ部　人の意欲とイノベーション

巻く環境は厳しいものではあるが，学問的専門領域や所属組織の枠を越えて前向きに，21世紀における「働くこと」と「生きること」の意味を問い直し，「人と組織の活性化」を図る方策についての更なる研究と議論が展開されることを期待する次第である。

参 考 文 献

（邦文文献）

- 相賀徹夫編（1990）『日本大百科全書』小学館12巻，pp.61-62及び11巻，p.506，6巻，pp.400-403，『日本大百科全書　第6巻』小学館，pp.247-249
- 青木幹喜他（2009）『人と組織を活かす　経営管理論』八千代出版
- 荒川直樹（1998）『中国で製造業は復活する』三田出版会，pp.12-17
- 安室憲一編著（2007）『新グローバル経営論』白桃書房，p.18
- アンゾフ，H．I．（中村元一訳）（1980）『戦略的経営論』産業能率大学出版部，pp.174-175
- 石井淳蔵・奥村昭博・加護野忠男・野中郁次郎（1999）『経営戦略論＜新版＞』有斐閣，pp.4-11，pp.142-144
- 石塚浩（2009）『経営組織論』創成社，pp.50-54
- 磯山優（2009）『現代組織の構造と戦略』創成社，pp.9-10
- 伊丹敬之（1992）『人本主義企業』筑摩書房（pp.29-30・pp.200-202）
- 伊丹敬之他（2005）『ゼミナール経営学入門』日本経済新聞社，pp.346-350
- 伊丹敬之（2006）『経営戦略の論理』日本経済新聞社
- 伊藤嘉博（1999）『品質コストマネジメント』中央経済社，pp.7-18・pp.53-61
- 今村龍之助（2008）『ドラッカーとトヨタ式経営』ダイヤモンド社
- ウォルトン，メアリー（石川馨訳）（1987）『デミング式経営』プレジデント社，pp.19-23
- 梅津祐良（2003）『ＭＢＡ人材・組織マネジメント』生産性出版，pp.15-22
- ウルリッチ，ディビッド（梅津祐良訳）（2005）『ＭＢＡの人材戦略』日本能率協会マネジメントセンター，pp.33-43
- 小川英次（2009）『現代経営論』中央経済社，pp.126-131
- 長田洋他（1996）『ＴＱＭ時代の戦略的方針管理』日科技連出版社，pp.2-6
- 折井英治編（1970）『古事名言辞典』集英社
- 加護野忠男他（1997）『日米企業の経営比較』日本経済新聞社，pp.216-217
- 笠原英一（2005）『経営学のことが面白いほどわかる本』中経出版
- 梶原豊（2004）『人材開発論』白桃書房
- 川端大二（2003）『人材開発論』学文社，pp.23-27
- カント（坂田徳男訳）（1985）『人間学』岩波書店
- 上林憲雄他（2007）『経験から学ぶ　経営学入門』有斐閣ブックス

- 岸田民樹（2005）『現代経営組織論』有斐閣，pp.201－204
- クオリティサクセス研究所（2006）『文科系高等教育の国際競争力強化等に関する研究報告書』企業活力研究所
- 久米均（2005）『品質経営入門』日科技連出版社，pp.3－5
- 経済産業省（2006）『通商白書2006』ぎょうせい
- ケリー，トム他（鈴木主悦他訳）（2009）『発想する会社！』早川書房
- 小池和男他（2002）『日米英独比較のホワイトカラーの人材形成』東洋経済新報社
- 小池和男編（2007）『国際化と人材開発』ナカニシヤ出版
- 小室淑恵（2007）『ワークライフバランス』日本能率協会マネジメントセンター
- これからの賃金制度のあり方に関する研究会（2001）『経営戦略と人材マネジメント』雇用情報センター
- 佐藤博樹他（2008）『人を活かす企業が伸びる』勁草書房
- サローナー，G．他（石倉洋子訳）（2007）『戦略経営論』東洋経済新報社
- JMAM人材教育（2006）『人材教育　2006年6月号』精興社
- JMAM人材教育（2008a）『人材教育　2008年7月号』精興社，pp.22－39
- JMAM人材教育（2008b）『人材教育　2008年12月号』精興社
- 杉山浩一（2007）『最新人材と組織のマネジメントがよ～くわかる本』秀和システム
- 鈴木秀一編（2006）『企業組織とグローバル化』世界思想社
- センゲ，P．M．（守部信之訳）（2004）『最強組織の法則』徳間書店
- 総務省統計局（2009）『日本の統計』日本統計協会，p.218
- DIAMONDハーバード・ビジネス・レビュー編集部（2007）『組織行動論の美学』ダイヤモンド社
- 高木晴夫（2005）『組織マネジメント戦略』有斐閣
- 高橋俊介（2006）『新版　人材マネジメント論』東洋経済新報社
- 武田修三郎（2002）『デミングの組織論』東洋経済新報社，pp.215－219・pp.311－313
- 谷口真美（2005）『ダイバシティ・マネジメント』白桃書房
- チャンドラー，A．D．（有賀裕子訳）（2008）『組織は戦略に従う』ダイヤモンド社
- TQM委員会編著（1998）『TQM21世紀の総合「質」経営』日科技連出版社，p.34・pp.48－57
- テーラー，F．W．（上野陽一訳）（1957）『科学的管理法』産業能率大学出版
- D．カーネギー協会編（原一男訳）（1997）『人を生かす組織』創元社
- 寺本義也・岩崎尚人（2006）『経営戦略論』学文社，pp.17－23
- ドラッカー，P．F．（上田惇生訳）（2008）『マネジメント（上）』ダイヤモンド社
- 内閣府（2009）『平成21年版経済財政白書』日経印刷

参 考 文 献

- 中垣昇・古田秋太郎他（2001）『日本企業の新アジア経営戦略』中央経済社
- 中村久人（2006）『グローバル経営の理論と実態』同文舘出版，pp.235－252
- 名倉広明（2008）『組織を活性化する技術』ファーストプレス
- 西賢祐・伊禮恒孝・志村健一（1993）『日本的クォリティ・マネジメント－経営・品質・統計の総合化』中央経済社，pp.20－27
- 日経ビジネス　2009年1月5日号「日本主導　ジャパン・イニシアチブ」pp.43－48
- 日経ビジネス　2009年5月11日号「成果主義の逆襲」pp.22－23
- 日経ビジネス　2009年3月9日号「社員はコストか，財産か」pp.26－27
- 日経ビジネス　2009年4月20日号「理念に宿る成長起爆剤」pp.33－35
- 日本在外企業協会（2000）『グローバル経営における組織・人材戦略』pp.13－121
- 日本能率協会グループ㈱ジェーマム人材教育（2005）『人材開発の現状の課題と今後の方向性に関する調査報告書』精興社（pp.19－22）
- 野中郁次郎他（2001）『知識創造企業』東洋経済新報社
- 野村進（2006）『千年，働いてきました』角川書店
- 野村総合研究所（2008）『モチベーション企業の研究』東洋経済新報社
- ハーズバーグ，フレデリック（北野利信訳）（1968）『仕事と人間性』東洋経済新報社
- バートレット，クリストファー・A.，ゴジャール，スマントラ（グロービス経営大学院訳）（2007）『個を活かす企業』ダイヤモンド社
- バーナード，C.I.（山本安次郎他訳）（1979）『新版　経営者の役割』ダイヤモンド社
- 花岡正夫（2001）『戦略的人的資源管理』白桃書房
- ハメル，ゲリー他（一條和生訳）（2001）『コア・コンピタンス経営』日本経済新聞社
- 原口俊道（2007），『アジアの経営戦略と日系企業』学文社，pp.8－10
- ハント，ダニエル（小林薫訳）（1997）『「超品質」21世紀の波・クオリティ・ファースト』西村書店，p.7
- ビアー，M.他（梅津祐良訳）（1998）『ハーバードで教える人材戦略』生産性出版
- 日野三十四（2004）『トヨタ経営システムの研究』ダイヤモンド社，pp.112－125
- 二神恭一（2006）『新版ビジネス経営辞典』中央経済社，pp.503－504
- ブラック，J.S.他（白木三秀他監訳）（2001）『海外派遣とグローバルビジネス』白桃書房
- 古沢昌之（2008）『グローバル人的資源管理論』白桃書房
- ヴルーム（坂下昭宣他訳）（1987）『仕事とモティベーション』千倉書房
- ポーター，M.E.（竹内弘高訳）（2003）『競争戦略論Ⅰ・Ⅱ』ダイヤモンド社
- 堀井秀之（東京大学教授）（2009）『日本型イノベーションのあり方』
出所：日本経済新聞2009年8月18日付朝刊

- マグレガー，D.（高橋達男訳）（1970）『企業の人間的側面』産業能率大学出版部
- マズロー，A.H.（上田吉一訳）（1964）『完全なる人間　魂のめざすもの』中央印刷
- マズロー，A.H.（小口忠彦他訳）（1971）『人間性の心理学』産業能率大学出版部
- マズロー，A.H.（上田吉一訳）（1989）『人間性の最高価値』誠信書房
- マズロー，A.H.（金井壽宏監訳）（2007）『完全なる経営』日本経済新聞出版
- 宮川正裕・吉田耕作（2004）「グローバル事業経営とクオリティ・マネジメント」『経済科学』名古屋大学，第52巻第2号，pp.61－79
- 宮川正裕（2008）『グローバル経営と戦略的クオリティ・マネジメント』同文舘出版
- ミルズ，D.クイン（スコフィールド素子訳）（2007）『ハーバード流人的資源管理入門』ファーストプレス
- 村上和雄（2009）『アホは神の望み』サンマーク出版
- 茂木健一郎（2008）『脳とクオリア－なぜ脳に心が生まれるのか』日経サイエンス社
- 茂木健一郎（2009）『クオリア立国論』ウェッジ
- 文部科学省（2009）『平成20年度文部科学白書2009』
- 山下剛（2008）「Maslow理論はモチベーション論か」『日本経営学会誌』日本経営学会，第22号，pp.66－78
- ヤマモト・キャメル（2006）『グローバル人材マネジメント』東洋経済新報社
- 吉田耕作（2000）『国際競争力の再生』日科技連，pp.20－28・pp.61－102・pp.143－145
- 吉田耕作（2005）『ジョイ・オブ・ワーク－組織再生のマネジメント』日経ＢＰ社，pp.12－18・pp.171－179
- ライカー，ジェフリー・K（稲垣公夫訳）(2006)『ザ・トヨタウェイ（上）』日経ＢＰ社
- ライカー，ジェフリー・K（稲垣公夫訳）(2008)『トヨタ経営大全①人材開発上』日経ＢＰ社
- ライカー，ジェフリー・K（稲垣公夫訳）(2009)『トヨタ経営大全②企業文化上・下』日経ＢＰ社
- レスリスバーガー，F.J,他（磯貝憲一他訳）（1965）『生産者集団の行動と心理』白桃書房
- 渡辺聰子（1994）『生きがい創造への組織改革』東洋経済新報社
- 渡辺聰子他（2008）『グローバル時代の人的資源論』東京大学出版会
- 渡辺峻（2000）『人的資源の組織と管理』中央経済社
- 渡辺峻（2009）『ワーク・ライフ・バランスの経営学』中央経済社

参考文献

（英語文献）
- Deming W. Edwards (1986) *Out of Crisis, Quality, Productivity and competitive position,* Cambridge University Press, pp. 18−90.
- Douglas, Thomas J. et al. (2001) *Total quality management implementation and competitive advantage: The role of structural control and exploration* Academy of Management Journal
- Evans, James R. (1997) *"Critical Linkages in the Baldrige Award Criteria: Research Models and Educational Challenges",* QMJ97 5, No. 1
- Juran, J. M. and Gryna, Frank, (1993) *Quality Planning and Analysis,* McGraw-Hill p. 115
- Miyagawa, M., Yoshida, K., (2005) *An empirical study of TQM practices in Japanese-owned manufacturers in China,* International Journal of Quality & Reliability Management Vol. 22 No. 6
- Pannirselvam, Gertrude P. et al. (1998) *Validation of the Arizona Governor's Quality Award criteria: a test of the Baldrige criteria* Journal of Operations Management
- Yoshida, Kosaku (1993) *"The Joy of Work: Optimizing service Quality through Education and Training, Quality Progress,* Vol. 26, No. 11
- Yoshida, Kosaku (1995) *"Revisiting Deming's 14 Points in Light of Japanese Business Practices"* American Society for Quality Control QMJ3, No. 1

和文索引

〔あ行〕

暗黙知……………………………58
安全の欲求 ……………………101
意思決定…………………………32
遺伝子と心……………………114
イノベーション……………39, 154
エンパワーメント…………93, 148

〔か行〕

カーネギー………………………55
外因性モチベーション………134
会計監査…………………………21
会社人間モデル…………………51
花王………………………………65
科学的管理法……………………41
学習組織論………………………45
カルチベーション ……………160
環境適応論………………………40
監査役会…………………………21
完全なる経営…………………108
完全なる人間 …………………109
カントの人間学………………162
カンパニー制……………………24
管理的意思決定…………………35
企業遺伝子………………………80
企業行動憲章……………………29
企業グループ……………………25
企業戦略…………………………33
企業統治…………………………20
企業内教育………………………85
企業の社会的責任（ＣＳＲ）…29
企業の目的………………………15
企業文化…………………………77
帰属意識…………………………64

機能ユニット……………………24
規模の経済………………………68
キヤノン……………………18, 91
キャリア・ディベロップメント…83
ＱＣサークル …………………133
共生………………………………92
京セラ……………………………18
競争戦略…………………………33
競争優位…………………………32
業務的意思決定…………………35
クオリア（qualia）……………116
クオリティ・マネジメント…125
グローバル企業…………………20
グローバル勤務…………………88
グローバル経営…………………87
グローバル・コーポレート・シチズン
　シップ…………………………91
グローバル戦略…………………35
経営会議…………………………21
経営学……………………………13
経営管理論………………………21
経営資源…………………………32
経営戦略…………………………31
経営組織………………21, 33, 40
経営理念…………………………16
経験効果…………………………47
経験知…………………………169
形式知……………………………58
欠乏欲求………………………121
権利主張主義……………………98
コア・コンピタンス……………37
高次動機の理論 ………………113
綱領………………………………16
ゴーイングコンサーン……14, 183
コーポレート・ガバナンス……19

193

顧客満足	137
国際競争力	149
国際的人的資源管理(IHRM)	87
心と脳	115
悟性	161
コミットメント	44, 79, 92
コミュニケーション能力	88
個を活かす組織	64
コンティンジェンシー理論	33

〔さ行〕

ＧＭ	47
ＧＰＴＷモデル	117
指揮命令系統	22
事業戦略	24, 33
事業部制組織	23
事業ユニット	24
至高経験	112
自己啓発	145, 146
自己実現	111
自己実現人モデル	51, 70
自己実現の欲求	101, 106
自己申告制度	147
市場戦略	24
資生堂	20, 91
次世代人材育成	150
質と生産性と競争力	132
シャープ	26, 29
社会貢献	15
社会人基礎力	153
社内分社制	24
従業員満足	137
就職社会人能力	152
ジョイ・オブ・ワーク	133
小集団活動	125, 147
承認・尊厳の欲求	101
承認欲求	106
職能別戦略	33
職能別組織	22

職務権限規定	27
職務分掌規程	27
所属と愛の欲求	101
進化論	173
人材開発	81, 85
人材開発戦略	67
人材戦略	42
人材マネジメント	60
人事インフラ	44
人事管理	42
人事考課制度	147
人的資源管理	42
人的資源の尊重	36
人本主義	60
ＳＷＯＴ分析	47
ステークホルダー	17
成果主義	61
成長・上昇欲求	106
成長戦略	40
成長欲求	121
生理的欲求	100
全社戦略	33
全体最適	56
戦略的意思決定	35
戦略的環境適応理論	33
戦略的クオリティ・マネジメント	131
戦略的経営	32
戦略的人的資源管理	41, 89
戦略的人的資源管理論	43
戦略的人材マネジメント	43
創造性発揮欲求	106
組織開発	34, 43
組織学習	47
組織活性化の条件	123
組織形態	22
組織構造	22, 26, 29
組織行動	43
組織行動論	52
組織図	22

組織体制……………………………36
組織知………………………………57
組織的知識創造……………………57
組織能力…………………39, 47, 75
組織の仕組み………………………39
組織の統制…………………………31
組織の役割…………………………59
組織文化………………………77, 78
組織マネジメント…………………53

〔た行〕

ダイバーシティ・マネジメント…68
多角化戦略…………………………33
タスクフォース……………………25
脱物質主義…………………………98
長寿企業……………………………14
TQM7つ道具……………………134
TQMの概念………………………125
TWIプログラム…………………166
定款…………………………………15
帝人…………………………………18
テーラー………………………41, 48
デミングの組織論…………………56
デミング理論…………………129, 141
デュポン……………………………47
動機づけ…………………………121
動機づけ衛生理論………………104
東芝…………………………………67
ドメイン……………………………33
トヨタ………………………………90
トヨタウェイ………………………79
トヨタ自動車………………………19
取締役会……………………………21

〔な行〕

内因性モチベーション…………133
内部監査……………………………21
日本経営品質賞…………………142
人間関係論…………………………41

人間主義的哲学…………………110
人間性の最高価値………………110
人間性の心理学…………………121
人間知………………………………57
能力開発……………………………34

〔は行〕

バーナード…………………………48
働きがい……………………………98
働きがいのある会社……………117
働きやすい会社…………………118
パナソニック…………………19, 89
パレート図………………………136
範囲の経済…………………………68
反権威主義…………………………98
ビジョン……………………………19
人と組織マネジメント……………51
人を生かす組織……………………54
品質経営…………………………142
富士フイルム…………………19, 91
部分最適……………………………56
フローモデル……………………119
プロジェクトチーム………………25
プロセス型戦略……………………36
分社化………………………………25
分析型戦略論………………………37
VOICEモデル……………………106
ホーソン実験………………………49
ポストモダン化現象………………97
ホンダ…………………………36, 90

〔ま行〕

マグレガーのX理論・Y理論……103
マズローの欲求階層説…………100
マトリックス組織…………………23
MB賞モデル………………129, 130
メンタルヘルス…………………117
持株会社……………………………25
モチベーション（motivation）……99

モチベーション理論 …………………100
モラールアップ…………………………63
問題解決能力……………………………88
問題発見能力……………………………88

利己的遺伝子 …………………………170
リストラクチャリング ………………105
利他志向 ………………………………114
利他的遺伝子 …………………………170
連結決算…………………………………25

〔ら行〕

ラーニング・オーガニゼーション …45,49
ライフキャリア・プラン………………63
リーダーシップ…………………………18

〔わ行〕

ワーク・ライフ・バランス(WLB)
　…………………………………65,72

欧文索引

CDGM ……………………………125
CDP ………………………63,84,93
CSR …………………………………27
DNA ………………………………115
GLOBAL21 …………………………94
Great Place To Work ……………117
HRM …………………………………42
MBO …………………………………84
OJT …………………………………84
PDSA ………………………………134
Quality Control(QC) ……………127
SBU …………………………………25
SHRM ………………………………41
SQM …………………………………131
TQC …………………………………127
TQM …………………………………125

著者紹介

宮川　正裕（みやがわ・まさひろ）

青山学院大学大学院国際マネジメント研究科博士後期課程修了
現在，中京大学大学院ビジネス・イノベーション研究科教授。
　　　　博士（国際経営学）

（主要著作）
『グローバル経営と戦略的クオリティ・マネジメント』同文舘出版，2008年。
"Comparing Quality Management Practices in Hong Kong-owned and Japan-owned Manufacturing firms in Mainland China"（共著），*Total Quality Management*, Vol. 17, No. 3, April 2006.
"An Empirical study of TQM Practices in Japanese owned Manufacturers in China"（共著），*International Journal of Quality & Reliability Management*, Vol. 22, No. 6, 2005.
「グローバル事業経営とクオリティ・マネジメント」（共著），名古屋大学経済学研究科発行『経済科学』，Vol. 52-2，2004年。

著者との契約により検印省略

平成22年3月20日　初版発行		中京大学大学院 ビジネス・イノベーションシリーズ **組織と人材開発**

著　者	宮　川　正　裕
発行者	大　坪　嘉　春
印刷所	税経印刷株式会社
製本所	牧製本印刷株式会社

発行所　東京都新宿区下落合2丁目5番13号　株式会社　**税務経理協会**
郵便番号 161-0033　振替 00190-2-187408　電話 (03)3953-3301 (編集部)
FAX (03)3565-3391　(03)3953-3325 (営業部)
URL http://www.zeikei.co.jp/
乱丁・落丁の場合はお取替えいたします。

© 宮川正裕　2010　　　　　　　　　　　Printed in Japan

本書の内容の一部又は全部を無断で複写複製（コピー）することは，法律で認められた場合を除き，著者及び出版社の権利侵害となりますので，コピーの必要がある場合は，予め当社あて許諾を求めて下さい。

ISBN978-4-419-05468-7　C1034

中京大学大学院　ビジネス・イノベーションシリーズ

経営科学と意思決定
中村　雅章 著　　　　　　　　　　　　　定価　3,360円

マーケティング調査と分析
塩田　静雄 著　　　　　　　　　　　　　定価　2,730円

日系企業の中国市場販売
古田秋太郎 著　　　　　　　　　　　　　定価　3,360円

経営財務の基礎理論
中垣　昇 著　　　　　　　　　　　　　　定価　3,150円

逆説の経営学
寺岡　寛 著　　　　　　　　　　　　　　定価　3,360円

経営学の逆説
寺岡　寛 著　　　　　　　　　　　　　　定価　3,150円